1歳～3歳未満までの発達の歩み

月齢	1歳～1歳3か月

発達のあゆみ

健康生活

自分で食べようとする

おむつがぬれると教えるときもある

歩き始める

運動

探索活動が盛んになる
手の機能が発達する
つまむ・操作する・出し入れする
ひねるなどができるようになる

知的な働き

音楽に合わせて手足を動かす

様々なものに触れたり握ったりして遊ぶ

人とのかかわり

大人の行動を模倣し始める

指差しして大人と自分の発見を共有する

自分の要求を強く出す

ことば

単語の数が増していく

簡単なことば遊びが楽しい
ことばの模倣がさかん

保育で大切にしたいこと

〇一人ひとりの生活リズムを大切にし、特定の保育者とゆったり安定して過ごせるようにする。

〇機嫌が悪い時はゆっくりと気持ちに寄り添い、相手をしながら自分の思いが上手に出せるようにかかわる。

健康生活

着替えをしながら自分でも手足を動かす

保育士にそばにいてもらい
自分の布団で安心して眠る

運動

とことこ駆け出す　段差・坂も楽しい
おいかけっこ

つまむ・はがす・入れる・取り出す

クレヨンを
使ってなぐり描き

知的な働き

保育者や友だちの動きを真似る

虫や小動物を見つけるとじっと見つめて
触ろうとする

ブロックなどを親指と人差し指でつまむ

人とのかかわり

他の子への関心が増す

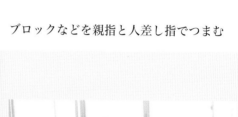

ことば

好きな絵本をもってくる
簡単なことば遊びが楽しい

（発達のあゆみ）

保育で大切にしたいこと

○不安定ながらも歩くことが楽しくなってくるので、環境を整えて探索遊びが充分にできるようにする。

○いろいろな遊びへの興味が出てくるので遊びに変化を持たせていく。環境を整えた中で指先を使う遊びや玩具を工夫する。

○発語への意欲やことばの理解が進むようやりとりや簡単なことば遊びを楽しむ。

こぼしたりするが、スプーンを使って
自分で食べようとする

簡単な衣服は手伝ってもらいながら
脱ごうとする

散歩を喜び、色々な方向へと行きたがる

手すりにつかまったり、大人と手をつないで
足踏み式で階段の上り下りができるようになる

絵本を自分で選んでひとりで見たり、
読んでほしいと持ってくる

人形のお世話遊びをする
みたてて遊ぶことができるようになる

保育者がそばにいると安心して一人遊びができる

玩具など一人占めしようとする

単語の数が増えてくる

繰り返しのある話を喜び、
声に出して一緒に言ってみたり、
身体を揺らして楽しんだりする

○この時期は個人差が大きいので、ことばが出ないと焦らず、いろいろなことばをかけたり、こと
　ばにできない時はことばにしたりする。

月齢	1歳9か月〜2歳

健康生活

「おいしいね」など声をかけられると
苦手なものでも食べようとする
排尿した後、表情や動作に表したり、
ことばで「チッチデタ」などと言う

靴を脱ぐことができる

発達のあゆみ

運動

走れるようになる

よじ登る、飛び降りる、飛び跳ねる、ぶら下がる、
くぐる、またぐ、転がるができるようになる

ボールを転がしたり、追いかけたりして楽しむ

知的な働き

目と手の協応が巧みになる
積み木を4〜5個積む

自分のものと他児のものがわかりはじめる

人とのかかわり

手遊びや他児の遊びに興味を持つ
「待っててね」と言われて少しの間待てる
ようになる

ことば

保育者の言うことが理解できるようになる
気に入ったことばや新しく覚えたことばを
繰り返し使ったりする

「チョウダイ」「イヤッ」「ダメッ」
「ジブンデ！」など要求や主張することばがでてくる

保育で大切にしたいこと

○一人ひとりの遊びが、満足できるまで楽しめるように、玩具や場所を工夫し、少人数で
　の遊び方や一人遊びができる環境作りを心がける。

○「ジブンデ！」という気持ちが芽生えはじめ、保育者の手助けを嫌がることもあるので、
　子どもの気持ちを受け入れながら、待つことを心がけゆったりとした対応をしていく。

昼寝は一定時間は布団で眠るようになる

苦手なものでも少しずつ食べるようになる

身の回りのことを自分でしようとする
靴を履く

全身・手指などの動作が巧みさを増し、遊びが広がってくる

目標に向かって走ることを楽しむ

両足で、その場跳びができる

ボールを蹴る

ままごと玩具や人形で生活の模倣をして遊ぶ

絵合わせパズルなど、ばらばらにして
また元のように組み合わせる

自我が芽生える
強引に自分を通そうとする

大人や友だちと簡単なごっこ遊びをする
友だちの遊びを真似て、おどけてみたりする

自分の意志や要求をことばや態度で伝えられる
ようになる

身近な大人や友だちの名前が言える

〇自分でできることが多くなっているが、まだまだ援助が必要な時期なので、やさしく手をかけながら、自立に向けての意欲と行動を育てるようにする。

〇他児とのトラブルの場面をとらえながら徐々に相手の気持ちがわかるように伝えていく。

月齢		2歳3か月〜2歳6か月

健康生活

一人で食べることができる

排泄が自立してくる

洋服の着脱をやろうとする

発達のあゆみ

運動

一人で階段を一段ごとに上がったり下りたりする

三輪車にまたがり足で地面を蹴って進む

音楽に合わせて、走る、跳ぶなど全身を使って遊ぶ

知的な働き

簡単な歌を覚えて歌う

積木やブロックで作ったものに命名する

大きい、小さい、同じ、違うなどがわかる

人とのかかわり

思い通りにならないと、かんしゃくを起こしたり、物に八つ当たりをする
他児への関心や関わりが増す
物を他児にわけてあげたり、物のやりとりをして遊ぶ
物の取り合いやトラブルが多くなる

ことば

単語の数が増え、二語文が話せるようになる
「○○ちゃんと遊ぶ」「ダンゴ虫がいた」など、
いくつかの助詞が使えるようになる

物を指さして「なーに?」と聞く
「おはよう」「さようなら」など、あいさつ語を使う

保育で大切にしたいこと

○基本的な運動が十分できるようにして活動意欲を満たし、運動機能を育てていく。

○覚えた単語を楽しんで使う場を増やし、徐々に二語文、三語文で答えていくような応答の仕方を心がける。

昼食後、自分から布団に入る
食器や食具が上手に持てるようになり、
こぼすことが少なくなる

走る、登る、跳ぶ、押す、引くなど
いろいろな動きを繰り返して遊ぶ

ままごと遊びが生活や経験したことを再現したり、
簡単なストーリー性を持った遊びになる

比較する、分類することができるようになる

友だちの存在が身近になり、親しみを持つ
気の合った友だちと一緒に遊ぶ

はっきり発音するようになる。
他児と一緒に紙芝居を見たり、保育者に絵本を読み
聞かせてもらうことを喜ぶ

会話に繰り返しが多い。

○保育者は子どもの意欲を尊重しながら、いつも子どもが寄り添って来られるように側で見守る。

○行動が多様になるが、危険に対する認識が乏しいので、時間的、空間的な配慮をして、のびのびと
　自発的に行動できるようにする。

月齢	2歳9か月～3歳

発達のあゆみ

健康生活

尿意を感じ自分から知らせてトイレに行き排泄するようになる

脱ぎ着しやすい衣服は一人でできるようになる

運動

体操をしたり音楽に合わせて歩く
走る、動物の真似をする
三輪車をこぐことができる

知的な働き

好奇心が盛んで身のまわりの物を「これなあに？」と知りたがる
赤黄青緑などの色がわかり正しい色を指す

人とのかかわり

想像して遊ぶことを楽しむようになる。

ことば

喜びや快の感情を表すことばを使う
現在を表すことば「きょう」「あさ」などと言う

保育で大切にしたいこと

〇子ども一人ひとりの発想、発言、行動を十分に保障する保育を考えることが大事である。

〇何でも自分でしようとするので、やり終えたら「自分でできたね」など、できたことをほめたり、認める。

新 **1** 歳児
保育の
実際

1歳から3歳未満の
育ちの姿と保育の手立て

東京都公立保育園研究会編

は じ め に

　「新１歳児保育の実際」を刊行しました。2018年６月に編集責任者らによる最初の打ち合わせが行われてから約４年、コロナ禍で集まって話し合うことができなくなり予定より遅れがでたものの本書にかかわる皆さんの努力と創意工夫によってようやく出版することができました。

1. 本書ができるまで

　制作を開始した１年目は、各区から選ばれた編集委員27名と編集責任者５名が月１回の編集会議で、グループに分かれてひたすら保育について語り合いました。日々の子どもの姿、子どもや保護者とのかかわり、保育環境、保育の方法と話は尽きませんでした。その中で、同じ東京都の公立保育園であっても、区や園によって保育方法や保育に対する姿勢が異なる場合がありました。編集委員は、園長から２、３年目の若手まで幅広い年代で構成されていましたから、経験や年齢の違いから生まれる保育の見方や感覚の違いがあったと思います。しかし、それらの違いを越えて、みんなが対等に自由に語り合う対話の場ができました。活発なコミュニケーションの中で、「公立園」というひとくくりにはできない多様な保育も見えてきました。そして、数えきれない日々のエピソードを語り合う中で、大事にすべき保育の理念と、本書で何を伝えていくべきなのかが明確になってきました。

2.『子どもの捉え方』について〜20年前と今の保育〜

　今の保育は、子どもが主人公です。子ども一人ひとりを理解し寄り添うというのは、１歳児保育の基本です。当たり前のことですが、子どもをどのような存在と捉えるかによって保育の在り方は変わってきます。本書は、1999年に当研究会で発行した『１歳児　２歳児保育の実際』の１歳児の部分の改訂新版です。20数年前と比較すると、一人ひとりに寄り添う丁寧な保育という基本は共通しているものの、子どもの捉え方は少し違っているように思います。当時は、１歳児をまだまだ未熟な存在と捉え、大人が守り導き正しい道筋を示していくことが保育者の役割であるという見方でした。そのニュアンスは1999年度版の文面に色濃く反映されています。

　20年余の間に保育所保育指針は２回改定され、子どもの捉え方が変わってきています。

1歳児保育を捉えなおす

　子どもは未熟で弱い存在から、可能性を秘めた自ら成長する力を持つ力強い存在であること、その可能性を十分に引き出し自分の力を存分に発揮できるように環境を整え見守りサポートしていくことが保育の役割であるという子ども観・保育観に変化しつつあります。そのような保育の営みにおいては、予想外のことがたくさん起こります。それは、不都合ではなく発見でもあるはずです。保育者は、子ども目線に立ち、常に柔軟に保育を見直し、子どもがより生きいきとできる環境を追い求めて子どもと共に成長していく、そんな保育者像が浮かんできます。

　もちろん、これまで積み重ねてきた知識や知見は大事にされなければなりません。その上で、常に新鮮な目線で子どもと向き合う保育者が求められているのだと思います。大人目線から子ども目線へ。導くから見守り支えるへ。育てるから育ち合うへ。こうあるべきから子どもから学ぶへ、そんな転換が行われてきたのだと思います。

　本書はまさに、これらの転換をふまえた保育が描かれています。悩み、考え、育ち合う保育者の姿がたくさん描かれています。もちろん、これまで蓄積されてきた乳児保育の知見も存分に紹介されています。まさに、保育現場のリアルな現実、子どものリアルな姿から学んでいく本になったと思います。存分に味わっていただきたいと思います。

3. 本書の構成

　2年目からは、いよいよテーマを4つに絞り込み、編集委員が4グループに分かれて原稿化する内容の検討を始めました。4つのテーマは、『健康で心地よい生活』『心の育ちを支える』、『遊びと環境』、『保護者支援』に決まり、第2章から第5章に相当します。

　第1章の『育ちの姿と保育の手立て』は、1歳児の発達の概要と保育の配慮です。1999年版を土台に、編集責任者が担当し、子どもの姿や保育の配慮を一つひとつ見直し、子ども目線での内容に改めました。

　27名の編集委員が分担した第2章から第5章は、エピソードが中心になっており、今現在の保育現場の子どもの姿、大人や子どもとのやり取りのリアルな姿が描かれています。エピソードに添えられたコメントも編集委員によるものです。そこには、これまでの保育現場で蓄積されてきた英知が凝縮され、さらに、新たな保育が示唆されています。

4. 保育者による保育者のための本

　"編集責任者"を引き受けてはみたものの、正直なところ、雲をつかむような気持ちでいました。しかし、出版担当者さんの「世の中にたくさんの保育書はあるけれど、現役の保育士さんが集まって、生の声や日々体験しているエピソードで構成し、それを自分たちで意味付けた保育の本なんてそうそうないんだよ」という一言で、不安より、パッとわくわくした気持ちが広がり、「作ってみたい‼」と意欲が湧いたのでした。

　最初の会議の時に、編集委員のみなさんから「1歳児の保育をしてうれしかったこと、素敵だなと思ったこと」を出してもらいました。すると、この集まりが、子どもたちの成長をうれしく、愛しく感じていて、幸せにのびのびと心も体も大きく育っていって欲しいと願っている、同じ思いの人たちの集まりなんだということがとてもよくわかり、ますます意欲が湧き、「きっと素敵な本ができる！　がんばる！」と思ったのでした。

　様々な考え、様々な状況の中で伝えたいことは盛り沢山あり、まとめることなんてできるのだろうか、という日々もありました。しかし思いはひとつ。この1冊に閉じ込めることができました。保育者だけでなく、新米ママパパ、これから保育者になろうとしている人にも手にとってもらい、子育てって楽しいな、保育者になること、そして親になることっていいなと思ってくれたらうれしいです。

　末尾になりましたが、3年間編集協力者として毎月八王子から通って、私たちの議論に参加いただき、最後までていねいに原稿を推敲して本書の監修にご尽力いただいた芦澤清音先生に心からの御礼を申し上げます。

　　　　　　2022年　2月　芦澤清音・『新1歳児保育の実際』編集責任者一同

もくじ●新1歳児保育の実際

第5章　保護者支援　*119*

第6章　1歳児保育の実態調査　*143*

1歳児ってどんな時期？
―本書の構成―

　1歳児とはどんな時期なのでしょうか？　1歳ころになると、子どもは立って歩き、道具を使いはじめ、ことばを獲得していきます。こうした力を発揮することで、世界は一気に広がります。そして、今まで大人にしてもらっていたことを自分でしようとするようになります。こうした個人としての変化が著しい時期ですが、みなさんは、"子ども"ではなく、"子どもたち"という表現を使うことが増えてくるのではないでしょうか。

　大人との1対1の関係の枠を超えて、子ども同士の関わりが増えてきます。誰かが泣いていると駆け寄ってきたり、保育者との1対1の楽しいやり取りを見て、子どもが集まってきて大きな輪になるなどという風景がよく見られるようになってきます。このように子どもは周りの様子に敏感になり、自分もやってみたいという気持ちを大きくしていきます。こうして、子どもは、守るべき存在から、支えるべき存在へと変化していきます。言い換えると、一人の主体者としての子どもが誕生してきます。1歳児は、まさにこの大きな変化の過渡期にいるといえるでしょう。

　自分の人生の主人公として歩み始めた子どもたちは、好奇心と意欲にあふれ実に魅力的で面白い姿をみせてくれます。その一方で、大人にとっては手ごわい存在にもなってきます。そんな子どもたちの「自分」を尊重しつつ、安全安心な生活を保障しながら存分に自らの力を発揮し世界を広げていけるような環境を創っていくことが保育の役割になります。

　では、本書の章にそって、その育ちを見ていきましょう。

『育ちの姿と保育の手立て』

　第1章は、1歳児の発達と保育の配慮のダイジェストになっています。1歳0か月から3歳0か月未満までの発達と保育者の望ましい関わりや環境設定を、健康生活、人とのかかわり、ことば、運動、認知・知的な働きに分けて、6か月ごとにまとめています。保育現場の実際の子どもの姿をもとに書かれたもので、発達と保育の教科書的な役割を持つ章

です。発達と保育の確認あるいは基礎理解のために役立ててください。

『健康で心地よい生活』

第2章では、子どもの生活習慣に焦点をあてています。

1歳児は、基本的な生活習慣を身につける始まりの時期です。保育者は、正しい方法を教えるという訓練的な意識になりがちですが、子どもは、生活で出会う一つひとつに興味を持ち、自分でやりたいという意欲に溢れています。まずは、その姿を大事にしていきたいものです。そうすれば、おのずと保育者の関わりや環境設定など、望ましい保育のあり方が見えてくるでしょう。子ども個人への関わりだけでなく、周りの子どもや大人の中で育つという環境を意識する保育を大切にしたいと思います。

本章では、生活場面を食事、睡眠、排泄、着脱、衛生、安全にわけて、日々のエピソードとそれに対するコメント、及び、具体的な関わり方が示されています。園で実際に使っている保護者向けの資料なども掲載されていて、明日の保育に役立つ情報が満載です。

本文には、具体的な保育方法だけでなく、その意味について子どもの姿を紹介しながら丁寧に述べられています。ハウツーだけに注目するのではなく、ぜひ、そこに込められている子ども理解と保育の意図を学んでいただきたいと思います。

『心の育ちを支える』

第3章は、春夏秋冬の1年間の子どもの成長物語になっています。季節に沿ってその時期によく見られる子どもの姿をエピソードとして紹介しながら、心の育ちを読み解き、育ちを支える保育のアドバイスが示されています。

では、1歳児の心が生まれ育つ発達の背景を考えてみたいと思います。

第一に、「自我の芽生えと拡大」です。自我とは、他者とは異なる自分を意識する心の働きです。1歳ころに芽生えた自我は、人とのかかわりの中で育まれていきます。

1歳前後にみられる理由があいまいなぐずりやイヤイヤは、1歳後半になると、徐々に「こうしたい」という「つもり」（意図）がはっきりした大人への抵抗や子ども同士のぶつかり合いになってきます。この変化は、心の中身が育ってきたためで、「表象」の発達によるものです。「表象」とは、目の前にないものを思い浮かべることができる能力で、このころ身近な生活場面を再現する遊びや、まねっこ遊びが盛んになるのも表象の発達に関係しています。このように、表象は遊びを豊かにし、子ども同士の関係を広げる一方で、「自分」を強く主張する姿を生み出していきます。自分の土台作りをしているこの時期に、心の中身を豊かにしていく環境を創っていきたいものです。第3章の保育の物語のなかには、そのヒントがちりばめられています。

『遊びと環境』

　第4章は、好奇心と意欲に満ち溢れ、主体者として歩み出した子どもの成長を支える遊びと環境をテーマにしています。0歳のときに、遊んでもらうことによって遊ぶ楽しさをたっぷり経験した子どもは、自分から遊ぶ存在へと変化していきます。子どもがやってみたいと思う遊びの提供や環境づくりが大事になってきます。また、子どもが存分に楽しむためには、遊びの楽しさに共感し、継続したり広げてくれる大人の存在も大事な環境になります。子どもは、大人との信頼関係を土台にして、友だちと遊ぶ楽しさを経験していきます。

　本章では、室内、戸外の様々な遊びを、エピソードとして紹介しています。子どもや大人とのやりとりが描かれるなかに、保育者の思いや気づきも含まれていて、子どもとともに成長していく保育者の姿も浮かんできます。また、多様な遊びと遊び方、遊びを豊かにする環境の工夫が紙面いっぱいに紹介されています。すぐに役立つ情報も満載で、遊びの達人として保育力を磨くことができるでしょう。

『保護者支援』

　第5章の保護者支援は、平成30年に改定された保育所保育指針において、「子育て支援」という独立した章として記載されるほど保育者の役割の中で重要なものになっています。

　保育は、子どもを中心として、保護者、保育者の三位一体で進めていく営みでもありますから、保育者は、保護者と気持ちを一つにして子どもの育ちを支えたいと願います。しかし、実際にはそううまくいくものではありません。保護者との関係づくりは、ときに、保育者の大きな悩みとなり、また、喜びともなります。

　本章では、保育園と保育者の専門性をフルに生かした保護者との関係づくりが具体的なエピソードを通して描かれ、その支援の意味についても丁寧に語られています。保護者理解をベースとして、心のやり取りから具体的なコミュニケーションの取り方まで広く深く学ぶことができます。自分の経験と重ねてじっくりと読んでいただきたいと思います。

『1歳児保育の実態調査』

　最後に第6章として、都内公立保育園での1歳児保育の実態をアンケート形式で調査・集計した結果を掲載しました（545園に配布し494園から回答。回答率90.6％）。

　公立保育園でこれまで大事にしてきたこと、変化してきたことや課題を確認し、今後、保育の質の向上に向けた取り組みの材料にするのが目的でした。調査項目も編集委員全員で論議して、実践者として一番知りたいことをあげたので、他区、他園の保育がわかると同時に、実践者による実践者のための貴重な調査になっています。　　　　　　　　（芦澤清音）

育ちの姿と保育の手立て

　1歳0か月から3歳0か月未満までの子どもの6か月ごとの発達とその時に必要な保育の配慮が、健康生活、人とのかかわり、ことば、運動、認知・知的な働きに分けて、簡潔にまとめられていて、この時期の子どもの発達と保育を確認することができます。発達と保育の基礎理解のために役立ててください。

① 1歳〜1歳6か月未満児

この時期の発達の主な特徴

●歩きはじめた子どもたちは歩くことが楽しく意欲にあふれている。
　歩行が次第に巧みさを増し、段差や傾斜のあるところもバランスをとりながら歩く。

●いろいろな場面で自分でやろうとする姿が見られるようになる。
　自分の心が動いたものを大好きな大人と共有しようとする三項関係を経て、注目されることを期待していたずらをしたり、何かができた時振り向いて大人と共感しようとする様子がみられる。
　おいかけっこや簡単なやりとり遊びを大人と一緒に楽しむことで関係が深まる。
　大人を強く追い求める一方で、他児への関心も増してくる。

●気に入らないと怒ったり泣いたりして、自分の要求を強く表すようになる。
　片言をいうようになるが、まだ身振りや泣くことで表すことが多い。
　大人の動作やことばを真似するようになり、特にことばの模倣が盛んで、単語をおうむ返しに繰り返すことが多い。

●好奇心旺盛で、目につくものすべてに興味を示し、何にでも手を触れようとする。

ばあ！

みつけた

保育のポイント

●歩行開始は個人差が大きいので、時期の早い遅いは気にせず、子どもの行動を喜んだり励ましたりして、楽しく活動できるようにする。

●歩くことで、生活空間が著しく広がり楽しくなってくる。このことから、好奇心の赴くままに探索したり、身近な大人の生活を模倣しながら自分の中に取り込んでいくので、大人の行動やことばはもちろん、遊具や玩具、遊びの工夫など環境を整え、豊かな経験ができるようにしていくことが大切である。

●よく眠りよく遊びよく食べるというリズムが、子どもの生活を活動的にし、意欲を生み出す原動力になる。一人ひとりの生活リズムを大切にし、保育者とゆったりやさしくかかわって安定して過ごせるようにする。保育者は、子どもの自分の気持ちを表現しようとする意欲、自分の周辺の人たちとかかわる意欲、伝えたい気持ちが育つように思いを汲み取り、豊かに表現できるようにかかわっていく。

●子どもと簡単なことば遊びや温かいやりとりなどを楽しみながら、発語への意欲やことばの理解が進むようにしていく。

●集中して遊んでいる時は見守り、保育者を求めてきた時はその要求に応える。一人ひとりを丁寧なまなざしでよく見て行動の予測をし、安全を確保する環境づくりを行う。その中で全身を使った遊びを十分できるようにしたり、つまむ・はがす・入れる・ひねる・ちぎるなどの指先の操作は知的な働きにも繋がっているので、指先を使う遊びや玩具などを工夫していく。

おさんぽ

山こえて

1歳〜1歳6か月未満児　　健康生活

月齢ごとの発達の特徴と子どもの姿	保育上の心づかい
○昼寝は1日1回になっていき、布団の中でしゃべったり動きまわったりして眠る。 ・眠くなると、ぐずりながら眠る。 ・保育者がそばについていると安心して眠る。	○安定した生活がおくれるように、一人ひとりの健康や生活リズムを把握し家庭との連絡を密にしていく。起床時間や健康状態との関係で午前中眠くなってしまうこともあるので、その子に合わせて睡眠がとれるようにする。昼寝で早く目覚めた子には、やさしく名前を呼ぶなどして安心できるようにし、まだゴロゴロしたい子にはゆっくり目覚めることができるよう様子をみる。

保育メモ 食事や睡眠は、情緒とのかかわりが大きいので、一人ひとりの状況を見ながら心地よい生活ができるように配慮する。

○好きな食べ物から食べる。 ・欲しいものを指さしたり、嫌なものは食べようとしない。 ・欲しいものを選び、手づかみして食べる。	○離乳食から、完了食に慣れるよう様子をみながら自分から食べようとする自発的な行動が育つように援助する。 ・手づかみからだんだんスプーンに慣れるように配慮する。 ・「いただきます」「ごちそうさま」のあいさつを食事の区切りとして、大人が子どもと一緒にするように心がける。 ・テーブルの上をきれいにしたり、食べやすいように食器を並べるなど配慮する。
○食べることに集中する。 ・スプーンですくい損ねてこぼしたりするが、"自分で"の意欲がみえる。 ・飽きると手でかき回したり、混ぜたりして遊んでしまう。	
○日によって食事中に眠くなったり、食べ方にムラがある。	○自分で食べようとする気持ちが強くなってくる。その気持ちを大切にしながら食事ができるようにする。決められた一定量にこだわらず、子どもの食べ具合をみて判断していく。 ・咀嚼の様子に合わせて調理の形態を配慮する。 ・一人ひとりの食べ具合について調理師と連携をとる。

保育メモ 朝早く登園して食事時間に眠くなりそうな時、5分〜15分寝ることですっきりし、食事が取れたりする。保育者はその子、その場に合った援助の仕方やことばかけを大切にする。咀嚼がうまくいかない子には、調理の形態や口に入れる量など十分に配慮し、噛む、飲み込むことができるようにしていく。

1歳～1歳6か月未満児　　健康生活

月齢ごとの発達の特徴と子どもの姿	保育上の心づかい
○オムツが汚れた時、表情や動作で知らせることがある。	○オムツ交換は保育者との心が触れ合うスキンシップのチャンスである。あやしたり、あそびうたをうたったり「気持ちよくなったね」と声をかけたりしながら替えるようにする。

○着脱の際に手を入れたり、足を出したり、保育者と一緒に手や足を動かす。

○簡単な衣服の着脱を保育者と一緒に行い、脱ぎ着に伴う体の動きを経験できるようにし、「できたね。じょうずね」とことばをかける。

保育メモ 子どもの鼻・手足の汚れなど、保育者はこまめに拭いたり洗ったりしてきれいにし、清潔にすごせるようにする。

1歳～1歳6か月未満児　　人とのかかわり

月齢ごとの発達の特徴と子どもの姿	保育上の心づかい
○いつも一緒にいる他の子どもや保育者の存在がわかるようになってくる。 ○保育者に親しい感情を持ち、一緒に遊んでもらうことを喜ぶ。 ・わざと物を落とすことを繰り返して喜ぶ。 ・保育者と一緒に積み木を積んだりくずしたり、繰り返しを喜ぶ。 ・安心できる大人の存在がわかり、自分から選ぶようになる。保育者の対応の違いを敏感に感じとるようになる。 ○保育者の簡単なしぐさをまねたり、"まてまて"と追いかけられて遊ぶことを喜ぶ。 ・保育者のしていることを見ていて、気づくと同じ動作をしている。 ・保育者同士の話や笑いに、楽しそうな雰囲気を感じて一緒になってはしゃいだりする。 ○自分の思いを通そうと助けを求めて泣いたり、してほしいことを動作で知らせる。 ・玩具を取られると、取った子どもを指さして保育者に訴えて泣いたりする。 ・見つけたものを取ってほしい、音楽をかけてほしい時などに指差したり保育者を連れていったりして自分の気持ちを表す。 ○好きな絵本を持ってきて、保育者の膝で一緒にみる。 ○泣いている子どもを見て頭をなでたり、顔をのぞきこんだりする。	○ひとりで遊んでいる時は必要以上に声をかけたりせず静かにやさしく見守り、十分活動できるようにする。保育者を求めてきた時は甘えたい気持ちを受け止め、満足するまでかかわる。 ○子どもの驚きや笑いに保育者が共感することで、子どもは自分のしたことに自信をもつようになる。自分を見守っていてくれる大人がいるという安心感から遊びが広がっていく。保育者がタイミング良く頷いたり、受け入れることが大事である。  ○子どもの要求を先取りしないよう、待つ姿勢が大切である。要求がうまく表現できない時は、子どもの気持ちを察して相づちを打ったりことばを添えたり、子どもが自分から表現できるようにしていく。 ○友だちといることが楽しいと感じるような声かけや環境作りをする。同じものを持って「おんなじだね」と話したり、遊具を数多く用意してまねして遊んだりできるようにする。

> **保育メモ**　保護者と同様に、子どもは保育者ともアタッチメントを築いていく。保育者は、ほっとしたい時、疲れた時、求めている時に受け止めてもらえる安全基地となる。子どもは、求めに応じて保育者から元気をもらい、守られているという安心感に支えられて、外の世界に目を向け歩き出していく。

1歳～1歳6か月未満児　　ことば

月齢ごとの発達の特徴と子どもの姿	保育上の心づかい
○単語や片言がでてくる。 　・パパ、ママ、バーバなどという。 ○名前を呼ばれると「アーイ」「ハーイ」と答えたり、「○○ちゃん！」と呼ぶとうれしそうに応えたりする。 ○ことばの数が少しずつ増えてくる。 　・「テーテー（先生）」と保育者を呼ぶ。 　・片言が盛んになる。 　・ワンワン、ニャーニャ、ブーブー、クック、などの片言が盛んになる。 　・話をしているつもりで自分からしきりにしゃべりかける。 ○身近にある物を○○はどこ？と問うと指さす。 　・靴はどこ？帽子は？などの意味がわかり、その物のある所に行こうとする。 　・「ちょうだい」と言うとその物を持ってくる。 ○「できたね」「うれしいね」と声をかけてもらうと喜ぶ。また、「ちょうだい」と言われ差し出す時もあれば、渡さずに様子をみて面白がるなど、ことばの意味がわかってきて、やりとりを繰り返して楽しんだりする。 ○本の中の知っている物の絵を指さして名を言う。  次はこの本 ○自分の要求を「テー（取ってー）」と語尾で言ったり、身振りや指差しで保育者に伝えようとする。	○単語が出始めるので保育者はゆっくりはっきり言うように心がけ、発語を促していく。「アッア（あるよ、知ってるよ、など）」のことばの意味や伝えようとしている気持ちを受け止め、「そうね、○○ね」とことばを添えて丁寧に応答する。子どもの身振りや片言を先取りしないようにする。 ○自分の名前がわかってくるので、遊びながら名前を呼んだり、他児の名前をうた遊びやことば遊びに入れ込んで楽しく遊ぶようにする。 ○大人の動作やことばの真似をするようになり、ことばの模倣が盛んになり、ことばを覚えていく。子どもの言おうとしていることばを感じとって、共感し、応答していく。大人の言う単語をおうむ返しに繰り返すことが目立つようになってくるので、擬声語擬音語を返すだけでなく、ことばをそえるようにする。 ○子どもと目線を同じにして一人ひとりにゆっくりと話しかけ、ことばのやりとりを楽しむ。同じことを言ってもらえてうれしい気持ちになったり、ことばを使って楽しむことで意味がわかっていくようにする。 ○保育者と一緒にままごと、人形遊び、まねっこ遊びなど、楽しく遊びながら発語を促していく。 「デー（読んで）」と保育者と1対1で見ようと絵本を持ってきたときは、膝に抱いて絵本をみながら、「○○あったね」「○○してるね」など答えながらふれあいの時間をゆったりと持つように心がける。 聞きなれた歌を保育者と一緒にうたったり、簡単な手遊びやことば遊びなどで楽しく遊ぶ。時にはまわりにいる子どもも誘って一緒に遊ぶ。

1歳～1歳6か月未満児　　運動《指先　全身》

月齢ごとの発達の特徴と子どもの姿	保育上の心づかい
○一人立ちが安定し歩行が開始される。 　・手でバランスをとりながら立ったりしゃがんだりする。 　・ダンボール箱や手押し車を押して歩く。 ○歩くことが楽しく、歩きまわって遊ぶ。 　・自由に歩きまわる。 　・保育者が追いかけると、喜んで逃げようとする。 ○高いところに立つのを喜ぶ。 　・テーブルなどにすぐよじ登る。 　・滑り台によじ登っては腹ばいで足から先にすべる。 　・はいはいの姿勢で階段を上がったり下りたりする。 　・ゆるい傾斜や、ちょっとした段差のあるところを上がったり下りたりする。  ○音楽を聴いて手をたたいたり、体を揺すったり手足を動かす。 ○車、空き箱、ボールなどを使って、押す、引っ張る、転がすなどの遊びをする。 　・ダンボール箱や手押し車を押して歩く。 ○貼ってある紙やシール、テープをはがす。 ○引き戸を開けたり閉めたりする。	○一歩二歩と歩き始めたら、子どもの得意な気持ちに共感して、一緒に喜ぶ。自分で歩きだすのを見守り、必要のある時は手を差し伸べる。 　・歩行の開始は個人差が大きいので、その子のその時の動きが十分経験できるようにしていく。 ○歩行が安定してきて、行動範囲が広がるので、一人ひとりの探索が盛んになる。危険のないように見守り、子どもの行動をあまり禁止せず、やりたいことをのびのびとできるようにする。遊ぶ中で様々な体の動きを経験できるようにする。 ○いろいろな歌をうたったり、音楽を聴いて体を動かし一緒に楽しむ。 ○追いかけっこやボールころがしなど、一緒に全身を使った遊びが楽しめるようにする。 ○手指を使う遊びは、生活面の自立を促し、知的な興味へと発展していく基礎となるので手指で操作する遊びを工夫する。探索活動が盛んで、引き出しから中身を出す、棚から物を落とすなど、大人からは "いたずら" と思えるが、すぐに禁止せず、見守りながら適切に対応する。 ○シールやテープはがし、乳児用粘土やその他の素材を用意し、指先を使った感触を楽しめる遊びを取り入れていく。夢中で遊んでいる時には十分に続けられるよう見守る。

1歳〜1歳6か月未満児　　認知、知的な働き

月齢ごとの発達の特徴と子どもの姿	保育上の心づかい
○音楽が聞こえると音のする方へ行きじっと聞いている。 ・音楽に合わせて手足を動かす。 ○絵本を読んでもらうことを喜ぶ。 ・絵本の中の物を指さす。 ・気に入った絵本を読んでほしくて持ってくる。 ・自分の好きなことばや絵のページになると嬉しそうにする。 ○保育者、友だちの動きを真似る。 ・ままごとの皿や茶わんを持って食べる真似をする。手提げ袋を持って出かける真似をして遊ぶ。 ○様々な感触のものに触れたり握ったりして遊ぶ。 ・容器からざーっとこぼすことを楽しむ。 ・手洗い場の水たまりなどをみつけて触って遊ぶ。 ○ブロックなどを親指と人差し指でつまみ、容器に入れようとする。 ・玉落としや簡単な型はめパズルを楽しむ。 ・シールなどを貼ったりはがしたりする。 ・積み木を2〜3個積む。また崩して遊ぶことを楽しむ。 ○虫や小動物をみつけると、じっとみつめて触ろうとする。	○子どもが好きな歌を歌ったり、保育者が気持ちよく歌って聞かせたりする。 触れ合いを大切にし優しくリズムをとるなどして、子どもが心地良くうた遊びを楽しめるようにする。 ○ゆったりとした気持ちで膝に抱いて絵本を読んだり、時には短いお話をしたりする機会を多く持つようにする。 ○模倣が多くなるので、遊びに変化を持たせるなどして十分に楽しめるように工夫する。 ○つまむ、握る、たたくなど手先を使う遊びが十分にできるよう、子どもの興味に合わせた玩具を選ぶようにする。 ○好奇心が盛んになると、探索行動が活発になり行動範囲が広がるので、危険のないように見守る。 また、水、土、砂などで遊んだり、草花や小動物に親しんだりできるよう活動の工夫をする。 

保育メモ　子どもは環境から大きな影響を受ける。子どもの生活の場である保育室は、子どもの感覚を育てるうえでも大切な場所である。子どもが手に取りやすいような物の置き方・置き場所、部屋の雰囲気や季節感など室内環境に配慮する。

・物的環境だけではなく、保育者の立ち振る舞いが子どものモデルになるように、身のこなし、物の扱い、ことば遣いや声の大きさなど人的環境が重要であることを心にとめ、安定感や温かさのある環境を心掛ける。

・手作りの玩具は安全性、衛生面に十分に留意して作成する。

Column 「みてみよう、触れてみよう、感じてみよう」

【みてみて～できた！】

ひとりで積木を立てて遊んでいたHくん。床に積木を並べていましたが、ふと顔を上げておもむろに積木を窓枠の溝に置いてみると、幅がぴったりなことに気が付きました。幅の狭いところに置くことができたという嬉しさと、積木の幅と同じであることに気づくことの嬉しさから、思わず自分でも拍手をして満足気でした。その嬉しさから次々に積木を並べて、あっという間に10個も並びました。倒れないように力を加減したり隣り合う積木との距離を調整したりして、頑張りがあっての10個でした。その大きな嬉しさが、後ろ姿からも伝わってきます。(1歳10か月)

＊写真はHくんとは別の子です

「こうやったらどうなるのかな」と試したり挑戦したり、思いがけない変化に喜んだり驚いたり……。大人から見て『いたずら』と思える行動から学習することはとても大きいです。命や危険につながるような行動でなければ、そっと見守ってあげたいですね。

【あ！　見えた！】

少しずつ身長が伸びてきた子ども達は、保育室と廊下の間の窓を背伸びで覗くことが気に入っています。ここ数日間背伸びで見ていたSくんですが、もっとしっかり見たくなってきました。思いついたのはソフト積み木でした。"いいこと考えた～"とばかりにニヤニヤと笑い、ソフト積み木を2つ運ぶと廊下をしっかり見ることのできる高さになり、大満足でした。廊下で遊んでいる友だちに手を振ったり、時には玩具をポトッと落としてみたりと少し高くなった目線からいろいろなことを楽しんでいました。（1歳10か月）

今までの経験の積み重ねからの大発見、子どもたちはいつも様々なことを考えて行動していますね。少し目線を高くすると違った世界が見えて、もっといろいろなことを試してみたくなるものです。

【素敵な発見】

朝、陽の当たっている窓の近くにブロックがあるのを見つけ遊び始めようとしたAちゃん。すると、ふと立ち上がり陽の当たっている部屋の中から外を見上げたかと思うと、後ろに下がって陽の当たっていない壁を触り「さむい」。そして、すぐにまた陽の当たる窓辺に戻り「あつい」。室内を見回して、陽の当たっていない部屋の隅を指さして「あっちもあっちもさむい」。そんなAちゃんの姿に感

動した保育士が、近くにいた保育士に「ねえねえ今、Aちゃんがね……」と伝えようとするとAちゃんは怒った顔になったので「Aちゃんが素敵だなぁって思ったから、すごいねってお話ししていたのよ」と話すと、頷いていたAちゃんでした。（2歳3か月）

全身で感じ取って知った大きな発見でした。『体験から学ぶこと＝学習』の第一歩です。ちょっとした子どもの姿を見逃さず、よく見ていた先生の発見も素敵です。ことばがけが先行するのではなく、今どんなことを感じているのかなと、そっと子どもの姿を観察する保育の姿勢の大切さを実感しました。

「描画の発達」

この時期の描画活動を「なぐりがき」と呼んでいます。紙にしっかり目を向けて筆記具を持って手を動かしてみる。

ぎゅっと握ってとんとんと紙に叩きつけると、雨のように点々が現れる。その驚きや、「なぐりがき」の楽しさは、感覚的な遊びから『表現する力』へと変化していきます。

描き始めの「点々」、腕を横に繰り返し動かし描かれる「弧を描く繰り返しの線」、自我が芽生える頃に表れる「ぐるぐる丸」、意識的に描かれる「一本線」。見立てられるようになってくると、描いたものを意味づけするようになり、3歳近くになるとイメージしたものをことばにしながら、描こうとする姿も出始めます。自我の拡大とともに、自らの意志で道具を操作して頭の中で思い浮かべたものを紙に表現できるようになります。筆記具を通して紙に表現することで、外界への働きかけが広がっていきます。またこの時期、描画のタッチの弱さは運動機能に比例することが多いようです。

「なぐりがき」は楽しい活動であるとともに、心や体の発達と関係の深いものです。そのため子どもが使用しやすい素材を準備し、のびのびと描けるような環境の設定を心掛けたいものです。保育者は、絵の中に表れている子どもの全体をとらえる目を備えるとともに、子どもの意味づけに共感し対話する姿勢を大切にし、「もっと描きたい」「楽しい」と感じられるような働きかけの配慮が必要になります。

② 1歳6か月〜2歳未満児

この時期の発達の主な特徴

● 全身運動が活発になり、行動範囲も広がってきて、物事に対する興味や関心が高まり、何でも自分で試そうとする意欲が強くなる。
　手足の運動が活発になり、よじ登る、ぶら下がる、カップに砂を入れたり出したりするなど、手足や目と手の動きを調整しながら同時に動かしていく協応動作がだんだん発達してくる。

● 自我が芽生え、自分でしようとする姿が増えてくる。「イヤ」「ダメ」「ジブンデ」などと自己主張をするようになる。

● 大人との安定した関係のもとで、一人遊びをしたり、大人を介して他児とかかわって遊ぶようになる。

● 表象能力（目の前にないものをイメージする力）の芽生えによって、「つもり」（意図）をもって行動するようになってくる。

● 要求が強くなり、玩具を一人で抱え込んだり、友だちと同じ玩具が欲しくて、取り合いになるなど、ぶつかり合いが見られるようになる。

● 大人のことばかけが体験と重なり、ことばの意味を理解していく。

● 語彙が増え、「ママといく」「ありさん、いた」などの二語文を話すようになる。

保育のポイント

● 周囲の物に関心を持ち、色々な物に触れて遊びたがる時期なので、安全に十分配慮したうえで、存分に探索活動ができるように見守っていく。

● 全身を使って遊べる経験ができるようにする。

● イメージをもてるようになってくるので、子どもの「つもり」を受け止めていく。

● 甘えたい気持ちを十分に受け止め、安心感や信頼感が持てるようにする。

● 一緒に行いながらやり方を知らせ、自分でやろうとする気持ちを引き出していく。

● 「ジブンデ」という気持ちが出てきた時は行動を見守り、できない時は、さりげなく援助し、自分でできた感覚を味わえるようにする。できたことが喜びとなるようかかわっていく。

● 玩具の取り合いなど、ぶつかり合いが起きた時には、友だちが持っている物が欲しいという気持ちの芽生えを大切に、「これが欲しかったの？」など、まずはその子どもの気持ちに添った声かけをする。貸してくれるのを待つのか、他の玩具でもよいのかなど、双方の気持ちを確認しながら、相手の気持ちにも気づくようにかかわっていく。

● ひっかきや噛みつきなどの行動になりそうな場合は、見守りながら未然に防ぐようにかかわっていく。

● 一人ひとりの遊びが、満足できるまで楽しめるように、玩具や場所を工夫し、少人数での遊び方や一人遊びができる環境作りを心掛ける。

● 指さしや片言などで伝えようとしていることを受けとめ、ことばにして返していくようにする。また、気持ちを伝える喜びやことばを使う楽しさを感じられるようにする。

1歳6か月〜2歳未満児　　健康生活

月齢ごとの発達の特徴と子どもの姿	保育上の心づかい
○午前寝がなくなり、まとまって眠れるようになる。 ○こぼしながらも、スプーンを使って自分で食べようとする。 ・「おいしいね」など声をかけられると苦手なものでも食べようとする。 ・苦手なものは、いつまでも口の中に入れたまま飲み込まずにいることもある。 ・食前、食後のあいさつが保育者と一緒にできる。 ○排尿した後、表情や動作に表したり、ことばで「チッチデタ」などと言い始めたりする。 ○手や口などが汚れたことを知らせながら、一緒に洗ったりタオルで拭いたりして気持ちよく過ごせるようにする。 ○簡単な衣服は保育者に手伝ってもらいながら脱ごうとする。 ・ズボンに足を通してあげると、前の方だけ引っ張りあげたり、首を通してあげると、自分で手を通そうとしたりする。 ・靴を脱ぐことができる。	○気持ちよく自然に寝られるようにする。 ○食べ物の名前を言ったり「おいしいね」などことばをかけたりしながら、ゆったりした雰囲気の中で食事をするようにする。 ・食後に「あーんして」と声をかけ、口の中に食べ物が残っていないか必ず確認をする。 ○オムツがぬれていない時はトイレに誘い、便器に座ってみたり、排尿したりする経験を少しずつ取り入れていく。 ○汚れたことを知らせながら、一緒に洗ったり拭いてもらったりして気持ちよく過ごせるようにしていく。 ○家庭と連絡をとりながら脱ぎ着のしやすい型の服・靴などを用意してもらい、子どもの自分でしようとする気持ちを育てていくようにする。（p.55 参照） ・自分で脱いだり着たりしようとしている時は、そばで見守りながらさりげなく必要な援助をし、自分でできたという気持ちが持てるようにする。 ・ボタンやスナップの操作のできる玩具などを用意し、遊びの中で楽しんで経験できるように工夫する。

保育メモ　"じぶんで！"という気持ちが芽生えはじめ、保育者の手助けを嫌がることもあるので、子どもの気持ちを受け入れながら、様子を見守っていく。
待つことを心がけ、ゆったりとした対応をしていく。

1歳6か月〜2歳未満児　人とのかかわり

月齢ごとの発達の特徴と子どもの姿	保育上の心づかい
○保育者がそばにいると安心して一人遊びができる。 ○保育者と一緒にままごとで遊ぶことを喜ぶ。 　・人形を抱っこしたり、おんぶしたりして遊ぶ。 　・エプロンなどを身につけると、食器を並べたり、食べる真似をしたりして遊ぶ。 ○玩具など一人占めしようとする。 　・他児が使っている玩具を取ってしまうことがある。 　・玩具の取り合いで、叩く、ひっかく、かみつくなどが起こることがある。 ○手遊びや他児の遊びに興味を持つ。 　・他児が保育者と一緒に絵本を見ていると、自分も絵本を持ってきて同じようにしてもらおうとする。 ○保育者に促されると友だちと手をつなぐ。 ○「待っててね」と言われて少しの間待てるようになる。 ○自分で見つけたものを保育者に見せて、共感してもらい喜ぶ。	○一人ひとりの子どもがゆったりとじっくり遊べるように、少人数で遊んだり、玩具の数に配慮し使いやすいように工夫する（同じ種類の玩具を複数用意するなど）。 ○玩具の取り合いでは、一人ひとりの要求の表し方や、情緒面などを理解し対応できるよう心がけ、他児とのかかわり方を知らせていく。 　・かみつきやひっかき等は、できるだけ未然に防ぐようにし、お互いに傷つけることのないように気をつける。 ○少人数で、手遊びや同じ遊びを一緒に楽しめる工夫をする。同時に子ども同士の関係をつなぐように心がける。 ○表情やしぐさを見逃さないようにし、「○○したかったのね」「上手にできたね」など、子どもの気持ちや行動に適したことばをかけ、子どもの気持ちを受けとめる。 ○一日の生活の中で、待つ時間はなるべく短くする。

1歳6か月〜2歳未満児　　ことば

月齢ごとの発達の特徴と子どもの姿	保育上の心づかい
○単語の数が増えてくる。 ・ことばの語尾を言う。 ・保育者のことばをところどころおうむ返しする。 ・気に入ったことばや新しく覚えたことばを繰り返し使ったりする。 ・「おはよう」「ありがとう」など挨拶をしようとする。 ○保育者の言うことが理解できるようになる。 ・「チョウダイ」「イヤッ」「ダメッ」「ジブンデ！」など要求や主張することばが出てくる。 ・「アッチ」「ココ」などが出てくる。 ・「ブーブイタ」「オソトイク」など二語文が出てくる。 ・身近にある物の名前が言える。	○ことばが発達する時期なので、やさしく話しかけるように心がける。膝に抱いて一対一で絵本を読むなど子どもの話そうとする気持ちを受け止めて、子どもとふれあう時間を大事にする。また、指さしや片言をことばで返していくようにする。 ○自我が拡大する時期であり、子どものイヤ、ダメと自分を主張する姿を、成長の過程として受け止め、子どもの思いに耳を傾け、選択できるものを考えてあげるなど丁寧に接する。 ○いろいろなものに触れたり、音を聞いたり、匂いに気づいたりして、子どもが感じたことを大切にしながら、表現したことに共感していく。 その中で、子どもが感じた気持ちや感覚をことばにしていく。 ○絵本を読んだり、わらべうたや童謡などを保育者が口ずさみ、子どもと楽しい時間を過ごせるようにする。

○感情や感覚を表すことばが少しずつ出てくる。
・繰り返しのあることばを喜び、声に出して一緒に言ってみたり、身体を揺らして楽しんだりする（うんとこしょ、どっこいしょ、もこもこもこなど）。

○友達の名前が言える。
・「○○ちゃんは？」など友だちの名前を言いながら探す。

保育メモ　この時期は、個人差が大きいので、ことばが出ないと焦らず、いろいろなことばをかけたり、子どもの思いや言おうとしていることをことばにして、伝えたい気持ちを育てていく。

1歳6か月～2歳未満児　運動

月齢ごとの発達の特徴と子どもの姿	保育上の心づかい
○走れるようになる。 ○段差や傾斜のあるところを歩く。 ・散歩を喜び、色々な方向へと行きたがる。 ・縁石の上を歩いたり、塀や壁に沿って歩くのを喜ぶ。 ・うしろ歩きができる。 ・手すりにつかまったり、大人と手をつないだりして、足踏み式で階段の上り下りができるようになる。 ○しゃがんだまま遊ぶ。 ○よじ登る、飛び降りる、飛び跳ねる、ぶら下がる、くぐる、またぐ、転がるなどができるようになる。 ・15センチ位の高さから飛び降りる（両足は揃わない）。 ・頭がぶつからないようにくぐる。 ○滑り台を前向きに座ってすべる。 ・固定遊具や巧技台などで全身を動かして遊ぶ。 ・乗用玩具に乗り足でけって走らせる。 ・ボールを転がしたり、追いかけたりして楽しむ。	○散歩では、探索活動を十分にする中で、自然にふれたり、電車やバス、犬や猫などいろいろなものに興味を持って、見たり感じたりする経験ができるようにしていく。また、子どもの興味や行動の傾向を把握し、少人数で出かけるよう配慮する。砂利道や坂道、草の上など様々な所を歩く経験も大事にしていく。 ○巧技台を組み合わせるなど、遊びを広げられるような場所の設定を工夫して、全身を動かして遊べるようにする。傾斜、階段などを上り下りしたり、追いかけっこをしたりして保育者と一緒に楽しめるようにする。 ○静と動の遊びのコーナーを分けるなど、環境設定を工夫し、危険なく一人ひとりの遊びが十分できるようにする。 ○身体を動かして遊ぶ時は、遊びの組み合わせや遊び方に気をつけ、広い空間で遊ぶようにする。

○イスに一人で腰かけることができる。
・背伸びして高い所の物を取ろうとする。

○大きな箱や玩具を押したり、ひっぱったりする。

○音楽に合わせて、簡単な体操を楽しむ。

保育メモ 遊具や用具などの点検及び危険物がないかを確認し、子どもが安全に活動できる環境を整える。

1歳6か月～2歳未満児　　認知、知的な働き

月齢ごとの発達の特徴と子どもの姿	保育上の心づかい
○絵本のページを1枚ずつめくる。お気に入りの絵本があり自分で選んで手に取りひとりで見たり、読んでほしいと持ってくる。 	○ままごとでは、食べ物をお皿にのせたり、食べるしぐさを真似して保育者と一緒に楽しめるようにしていく。一人が人形をおんぶしたり、買い物に行ったりすると友達と同じようにしたがるので、玩具の数を十分に用意する。

○人形のお世話遊びをする。
人形やぬいぐるみにご飯を食べさせたり、寝かせたりして遊ぶ。

○積木を4～5個積む。みたてて遊ぶことができるようになる。

○紙や粘土をちぎる。水道の蛇口をひねる。容器の蓋を開ける。

○目と手の協応が巧みになる。
・簡単なひも通し遊びができる。ブロックをはめたり型落としをしたりして遊ぶ。
・砂を容器に入れたり出したり繰り返して遊ぶ。

○保育者と一緒に玩具を決まった場所に片づける。

○自分のものと友達のものがわかりはじめる。

○好きなもので遊びに集中している時は、場の確保をし、一人遊びが十分できるよう見守る。遊びに集中できるよう少人数で遊ぶなど工夫をする。一人遊びの充実と同時に、保育者と一緒に遊ぶ楽しさを経験することも大事である。

○様々な玩具や素材を選び指先の操作を伴う遊びを工夫する。

○遊びの中で子どもの発見や驚きを見逃さずに受け止め共感しながら、好奇心を満たし興味を広げていく。

○片づけは遊びの一部として物の区別・分類・認知など、知的な働きかけを助けるものとして考えていく。気持ちよく生活できるよう、生活の区切りや遊びの様子をみて玩具を片づけ、玩具の散乱はケガに繋がることもあるので、室内環境には十分注意する。

> **保育メモ**　子どもが手に取りやすいよう絵本や玩具の置き方を工夫し、いろいろな教材、素材を用意し、子どもの"遊びたい""試したい"という気持ちが満たされるようにしていく。大人からはいたずらとみられる行動も、子どもにとっては探索行動であり体験学習である。十分に欲求を満たすことができるような遊びの工夫をし、環境を整える。物を思い浮かべることができ、見たものを真似る遊びを喜ぶようになってくる。保育者は子どものイメージに合わせて関わり、様々なイメージを膨らませて遊ぶ経験を大事にしていく。

いない、いない〜

はいった……

ばあ〜！

でた〜

③　2歳〜2歳6か月未満児

この時期の発達の主な特徴

● 運動面では、全身・手指などの動作が巧みさを増し、遊びが広がってくる。

● 一人で階段を一段ごとに上がったり下りたりする。

● 音楽を聴いてからだを動かしたり、走る、跳ぶなど全身を使って遊ぶ。

● 自我が芽生え、思い通りにならないと、かんしゃくを起こしたり八つ当たりをするなど、激しい行動となって表れてくることがある。

● 他児への関心や関わりが増すことから、物の取り合いやトラブルが多く見られる。

● 言語面では、単語をどんどん覚え、二語文が話せるようになり、いくつかの助詞が使えるようになる。

● 自分の意志や要求をことばや態度で伝えるようになる。

● 身近な保育者や友達の名前を言う。

● 粘土を丸めたり、細長く伸ばしたりする。

● 一人で食べることができる。苦手なものでも少しずつ食べるようになる。

● 昼寝は、一定時間は布団で眠るようになる。

● 身の回りのことを自分でしようとする。

保育のポイント

● 基本的な運動が十分できるようにして活動意欲を満たし、運動機能を育てていく。

● 自我が拡大してくると、自分の思いを通そうとする姿が増えてくるが、肯定的にとらえて、子どもの思いを丁寧に受け止めながら、心地よく気持ちが切り替わるような声掛けや対応を工夫していく。

● 他児との物の取り合いやトラブルの場面をとらえながら、徐々に相手の気持ち（相手も欲しがっている、痛いから泣いているなど）がわかるように伝えていく。

● 言語面では、覚えた単語を楽しんで使う場面を増やし、大人との会話の中では、単語でのやり取りから徐々に二語文、三語文で答えていくような応答の仕方を心がける。

● この時期、自立と依存の間で揺れる子どもの気持ちを受け止め、“甘え”たい気持ちも十分に受け入れていくようにする。大人の支えを感じながら、自主性や自己コントロールの力が育っていくように関わっていく。

● 生活習慣の面では、自分でできることが多くなっているが、うまくできずにかんしゃくを起こすなど、まだまだ援助が必要な時期なので、やさしく手をかけながら、自立に向けての意欲と行動を育てるようにする。

2歳〜2歳6か月未満児　　健康生活

月齢ごとの発達の特徴と子どもの姿	保育上の心づかい
○昼寝は保育者にそばについてもらい安心して布団で眠るようになる。	○昼寝はリズムも整い一定してくるが、一人ひとりの子どもの状態はその日によって異なる。その子に応じて気持ちよく眠れるようにする。

スプーンを持って一人で食べるよ！

○苦手なものでも少しずつ食べるようになり、一人で食べようとする。 ・まだこぼしたり散らかしたりすることが多い。 ・まわりの子どもの動きが気になったり、遊び食べになることがある。 ・食欲にムラがみられる。	○他児に刺激されたり気分で食べたりするので、一人ひとりが楽しく食べられるように援助していく。 ○咀しゃくの弱い子、苦手なものを食べようとしない子、途中で遊び出す子、食が細い子、時間がかかる子など個人差を理解して、どの子も楽しく食事ができるように心がける。
○排尿間隔が長くなり、排泄が徐々に自立してくる。	○排尿間隔が一定してくるので、オムツからパンツに切り替えるなど子どもの状態を把握しながら対応する。 ○排泄の自立は、子どもにとってうれしいことであり大人に認められることで安定してくるので、一緒に喜んでいくことが大切である。

2歳～2歳6か月未満児　健康生活

月齢ごとの発達の特徴と子どもの姿	保育上の心づかい
○食事や排泄後、外遊び後に手を洗うことがわかってくる。	○自分でやろうとしたら、見守ったり、できないところは手伝ったりしながら、「きれいになったね」とことばをかけていく。

外から帰ってきたら……手洗い！

○自分でやろうとしたら、見守ったり、できないところは手伝ったりしながら、「きれいになったね」とことばをかけていく。

○着脱に関心をもち、自分でやろうとし始めた頃は、時には嫌がったり、やってもらいたいと甘えたりするので、その気持ちを受け止め、脱ぎ方や着方を知らせながら援助していく。また、「どっちにする？」「どれにする？」と子どもに尋ね、自分で決めたい気持ちを大事にしていく。

○鼻汁を拭こうとする。「フン」と言い、鼻をかんだつもりでいる。

○靴を一人で履こうとし、徐々に履けるようになる。
・自分で履こうとするが、時には嫌がったり、やってもらいたがったりする。

○洋服を脱いだり、ズボンを履くことは自分でやろうとする。

お着替えできるかな

保育メモ 散歩、食事、昼寝など生活の切り替え時には、トイレに誘ってみる。パンツを嫌がり、オムツに戻ったり、トイレで排尿していたのに「ない！」と言って失敗したり、行きつ戻りつの状態があるので長い目で見守っていく。

2歳～2歳6か月未満児　人とのかかわり

月齢ごとの発達の特徴と子どもの姿	保育上の心づかい
○保育者や友だちと簡単なごっこ遊びをする。 ・ものを他児にわけてあげたり、もののやりとりをして遊ぶ。 ・手さげ袋を持って出かけていき、「ただいま！」と帰ってくるなど買い物ごっこをうれしそうにする。 ○遊びは一人遊びが多い。 ・短時間、2～3人で平行遊びをする。 ・他児を抱きしめたり、叩いたりするような表現が時々みられる。	○多人数のなかだと遊びが中断されることがあるので、一人遊びや少人数での遊びが十分できるような環境づくりを心がける。  いっしょにあそぼ！
○他児の行動を気にしはじめる。 ・友だちの遊びを真似て、おどけてみたり大きな声を出してみたりする。 ○強引に自分を通そうとする。 ・かんしゃくを起こして、激しく怒って泣くことがある。 ・思うようにならないと、物に八つ当たりする。 ・気の合う友達と同じ遊びを楽しむ姿も増えてくる反面、他児に遊具を取られたり、気に入らないことを言われると噛みついたり、手を出したり、大声を出したりすることがある。	○保育者に助けを求めてくることがあるので、その気持ちをきちんと受け止めながら、切り替えられるようなことばがけをする。徐々に、自分の気持ちを相手に伝えられるようにしていく。 ○友達への関心が強くなってきて、一緒に遊ぶ姿が見られるが、自我の拡張により、自己主張が強くなる時期なので、子どもの心を理解し大人が解決を急いだり、逆に長引かせたりすることのないように配慮する。 

保育メモ 気持ちの切り替え方は、その子によって違う。気持ちの整理がつくのに時間がかかる時は、落ち着くまで待ったり、違う遊びに誘ってみたり、状況に応じ、個々に合わせて対応していく。

2歳〜2歳6か月未満児　　ことば

月齢ごとの発達の特徴と子どもの姿	保育上の心づかい
○単語の数が増え、「○○ちゃんと遊ぶ」「ダンゴ虫がいた」など二語文を使うようになる。 ○日常生活で必要な簡単なことばを理解し、自分の意志や要求をことばや態度で伝えられるようになる。 ・自分の伝えたいことばがうまく見つからず、困ることがある。 ○物を指して「なーに？」と聞く。 ・すべての物に名前があることがわかり、「なに？」を連呼する。 ○ごっこ遊びのなかで他児とことばのやりとりをする。 ・発音が、まだはっきりしないため、他の人に伝わらないことが多いが、自分の思っていることをさかんに話すようになる。 ○身近な保育者や友達の名前を言う。 ・自分のことをいつも呼ばれる名前を使って言う。 ・「おはよう」「さようなら」などあいさつ語を使う。 ○絵本を見ながら本の中の絵について、たずねたり、たずねられたりするのを喜ぶ。 ・絵本の中の知っている物の名前を繰り返し言う。 ・絵を見ながら、知っていることばで読んでいるかのように話す。	○大人の生活など周囲のあらゆることに関心をもち、動作やことばでそれらを模倣し表すようになる。保育者は伝えたい気持ちを大切にし、話す楽しさを知らせていく。話したい気持ちはあるので、ゆったりと話を聞くようにする。 ○よく話す子、大人の言うことばをまねて話す子、大人のことばを聞いて行動する子など個人差ができる時期なので、ゆったりと待つことを大事にしていく。それぞれのことばの発達を助けていく。  ○一緒に遊びながら物とことば、行動とことばなどを結びつけて知らせ気づかせていく。好きな絵本や歌、手遊びなど一緒に楽しむ。 ○一緒に声を出して楽しめる絵本なども活用し、ことばの世界を楽しむようにする。

 保育メモ　ことばの発達は個人差が大きい。ことばであまり表現しない子どもには楽しく遊ぶなかでゆっくり聞いてあげ、話そうとする気持ちを育てていく。

2歳〜2歳6か月未満児　運動

月齢ごとの発達の特徴と子どもの姿	保育上の心づかい
○目標に向かって走ることを楽しむ。 ○一人で階段を一段ごとに上がったり下りたりする。 　・階段を足踏み式で一人で下りる。 　・階段を手すりにつかまらずに上がる。 ○両足で、その場跳びができる。 ○三輪車にまたがり足で地面を蹴って進む  ○自分で鉄棒などにぶらさがる。 ○ブランコなど、前後に揺らしてもらう。 　・リズムのある動きを好む。 ○腕をグルグルまわしたりする。 ○ボールを蹴る。 　・ボールを下手投げで投げる。  ○音楽に合わせて、走る、跳ぶなど全身を使って遊ぶ。 　・音楽に合わせて保育者を真似て、体操やリズム遊びをする。	○固定遊具や乗用玩具、三輪車などを使って遊び、全身運動(走る、跳ぶ、よじ登る、ぶら下がる、転がす、引っ張る、押すなど)を十分楽しませながら、徐々に協応動作を促していく。 　・遊びが広がるような関わりを大切にして足腰の発達が促されていくような配慮をしていく。  階段のぼれるよ！ ○ブランコや平均台など興味を持つとすぐに行動できる子、逆に初めてのものは怖がる子など個人差があることを理解していく。一律な経験を求めないようにしていく。 ○手指の操作を伴う遊びができるようになってきているので、遊具や素材を十分用意して、子どもが自由に使えるよう置き場所を考え、取り出しやすいように工夫する。 ○よく動き回り何でもやってみたい子、自分のペースで行動をする子など一人ひとりの特徴を把握し、月齢や一人ひとりの動きに合わせて、少人数で無理のない散歩コースをゆったりと楽しむようにする。 ○リズミカルな運動が十分できるように、歌や音楽に合わせてリズム遊びを一緒に楽しむ。

2歳〜2歳6か月未満児　認知・知的な働き

月齢ごとの発達の特徴と子どもの姿	保育上の心づかい
○簡単な歌を覚えて歌ったり簡単な体操や曲に合わせて踊るなど、友だちと一緒にやろうとする。 ・他の子どもの動きをじっと見ている。 ・自分が覚えたことや気に入った動作を喜んでする。 ○ままごと玩具、人形などを使って、生活を模倣して遊ぶ。 ○積み木、ブロックなどで作ったものに命名する。 ・積み木を電車などにみたてて遊びを展開させる。  ○ひも通し玩具にひもを通す。 ・粘土を丸めたり、細長く伸ばしたりする。 ○絵合わせやパズルなど、ばらばらにしてまた元のように組み合わせる。 ○使った玩具など、区分された戸棚に入れることができる。 ・自分の遊んでいたものを友だちが使おうとすると「〇〇ちゃんの」と自分のものだと主張する。 ○大きい、小さい、同じ、違うなどがわかる。 ・ひとつとそれより多い場合とを区別する。	○簡単なリズムに合わせて楽器をならしたり、気に入った歌をうたったり、手遊びをするなど、子どもができることが増えてくるため一緒に楽しめるようにする。 ○ごっこ遊びに関心を持ちはじめるので、保育者が仲間に入り買い物ごっこや電車ごっこなどを一緒に楽しむ。 ○いくつかのコーナーを用意したり、玩具の数を配慮して、集中して落ち着いて遊べる環境の工夫をする。 ○遊びに夢中になっている時は、そっと見守り、本当に困った時に手助けをするようにし、子どもの意欲やイメージを大切にしていく。 ○玩具や人形、ブロックなどの置き場所を決め、子どもが遊んだり区分したりしやすい環境を整えたり、一緒に片づけながら類似点、相違点を知らせていく。 ○好きな遊びを通して、色の違いに気づいたり、物を分類・比較したりできるような環境の工夫をする。

保育メモ ままごとコーナーの片付けの時はお人形は寝かせ、遊び始める時に「おはよう」と起こし布団をたたむなど、大人が丁寧に扱うことで人形への愛情や大切にする気持ちが育つ。チェーンリングなどを色分けしたり、ままごとのみたて素材を同じ形で集めるなど、片付けやすいように工夫する。

④　2歳6か月〜3歳未満児

この時期の発達の主な特徴

● 自分の思いを強く主張するようになり、感情をコントロールすることは難しい。

● 知的な面の発達が進みいろいろな決まりやことばの使い方を覚え、自分の要求を他者に伝えられるようになる。

● 手指の動きが巧みになり足や体幹がしっかりし、運動機能も発達して身の回りのことがだいぶできるようになる。両腕を巧みに使ってシャツを脱いだり、食事ではスプーンに食べ物をのせてうまく口に運んで食べることができるようになる。

●「じぶんで、じぶんで！」と何でも自分でしようとすることが多くなる一方で、自分でできることとできないことがわかり始めているので「できないからやって！」と保育者の助けを求めることもある。

● 知的好奇心が強くなり身の回りの様々な事象について「なんで？」「どうして？」と知りたがる。

● 言語面では急速に語彙が増える。発語がはっきりして赤ちゃんことばから普通のことばになり、会話が成り立つようになってくる（ブーブーから自動車に、など）。

● 自分の経験したことの中から、素材やおもちゃを何かに見立てて遊ぶようになる（お母さんになったつもりで人形の世話をしたり、段ボールをつなげて電車に見立てて遊ぶ、など）。

● ことばの使い方がわかってきて、他者に自分の要求や訴えを適切なことばで言うようになる。おもちゃの取り合いなどで他児とのぶつかり合うことも多くなる一方で、遊びを模倣したり同じ遊びを楽しんだりする。

● 生活の中で体験したことをイメージして2、3人でごっこ遊びを楽しむ姿が見られる。

保育のポイント

● 生活面では何でも自分でしようとするので、その意欲を大事にしてや
り終えたら「自分でできたね」などできたことを認め共感する。

● 保育者は子どもの求めに応じられるようにそばで見守る。

● 他者の存在がわかり年上の子どもの行動に関心を示す姿が見られるの
で、異年齢の子どもとの交流も行えるとよい。

● 集団生活の中で子どもたちは、お互いに刺激を受けあって成長してい
るが、集団を優先するのではなく一人ひとりの子どもの発想、発言、
行動を十分に保障する保育を考えることが大事である。

● 運動面の発達に伴い行動も多様になる。危険に対する認識は乏しいの
で怪我には注意しながらも時間的、空間的な配慮をしてのびのびと自
発的に行動できるようにする。

2歳6か月〜3歳未満児　健康生活

月齢ごとの発達の特徴と子どもの姿	保育上の心づかい
○おしゃべりが多くなりなかなか寝付かない。 ・昼食後自分から布団に入るが隣にいる友だちとふざけあったりちょっかいを出したりする。 ○鉛筆を持つようにスプーンを持てるようになる。 ・食器の扱いが上手になりこぼすことが少なくなる。 ・苦手な食べ物があるとなかなか進まない。 ○尿意を感じ自分から知らせてトイレへ行き排泄するようになる。 ・オムツが濡れていても平気で遊んでいて取り換えようと誘っても「いいの！」と拒否する子もいる。 ・遊びに夢中でパンツが濡れていることに気付かなかったりトイレに間に合わない事もある。	○静かに布団に入り保育者が側につき自然に眠れるような雰囲気づくりをする。 ○楽しい雰囲気でゆったり食事ができるようにする。 ・食器の持ち方や口に入れる適量を知らせるなどの援助をする。 ○個々の排尿間隔に合わせて「トイレに行こうか？」と声を掛ける。嫌がる時は「出たくなったら教えてね」と声を掛けて無理強いはしないようにする。 ・トイレには大人が付き添い、紙の切り方拭き方、水を流す事、手洗いなど一連の流れを一緒に行いながら丁寧に知らせていく。

○手の洗い方を伝えるとその通りに洗おうとする。 ・手や顔を自分で拭くようになる。 ・いつまでも水道から離れず、袖口や周りをびしょびしょにしていることもある。 ○脱ぎ着しやすい衣服は1人でできるようになる。 ・脱いだものをたたもうとする。 ・ボタンやスナップを自分ではめようとする。 ・保育者が手伝おうとすると「自分で！」と主張したりする一方で、できるのに「できない、やってー！」と言うこともある。	○衣服の前・後を意識しながら着替えができるように援助していく。 ○子どもの興味に応じて、自分でしようとする気持ちを認め励ましていく。 ・自分の物がわかるようにし、大切にしようとする気持ちの芽生えを大事にする。

2歳6か月～3歳未満児　　人とのかかわり

月齢ごとの発達の特徴と子どもの姿	保育上の心づかい

○友だちの存在が身近になり、親しみを持つ。
・保育者や他児の休みを気にする。
・「○○ちゃんがやる～」と保育者の手伝いをすることを喜ぶ。
・「お兄（姉）ちゃんになったね」「お兄（姉）ちゃんみたいだね」と認められることを喜ぶ。

○「自分で」という気持ちが強くなり自分でできることが増える。行動も積極的になり新しいことや初めての場所に興味を持つようになる。

○気の合った友だちと一緒に遊ぶ。
・ままごとやブロックなどで遊びながら、他児の行動に関心を持ち、少人数で同じように遊ぶ。
・ふざけたり、おどけたりすると真似をする子がいる。
・おもちゃの取り合いで相手が泣くと代わりのものを与えようとする。

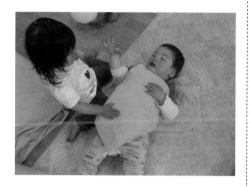

○想像して遊ぶことを楽しむようになる。
・イメージが豊かになり「お買い物に行って来ます」と出かけたり、「ご飯です」と言ってテーブルに御馳走を並べたりする。
・興味のある物や、印象に残った物（こと）を記憶していて再現して遊ぶ。

○子どもがのびのびと自己表現できるように援助したり見守ったりする。

○いつもいる友だちが居ないことに気づいたり、同じ遊びを側でする（平行遊び）など友だちへの関心が出てくるので保育者が仲立ちになり友だちとかかわって遊ぶ楽しさを知らせていく。
・大きいクラスの子どもの遊びややっていることに関心を持つので、異年齢でのかかわりを持つようにする。

○イメージの共有ができ始める時期なので保育者がイメージしやすいように環境を整えたり、物を揃えたり、子ども同士をつないでいく。

2歳6か月〜3歳未満児　　ことば

月齢ごとの発達の特徴と子どもの姿	保育上の心づかい

〇発音がはっきりしてくる。
・自分の経験を保育者や友だちに話そうとする。
・ことばのやりとりがスムーズになる。
・担任の保育士や友だちの名前が言える。

〇ことばの数が豊かになり、適切に使えることが増える。
・子どもが見たこと、思ったこと、聞いたこと、うれしかったことなどを自分なりのことばを使って考えたり表現する。

〇感情を表すことばを使う（嬉しい、楽しい、かわいそう）。
・他人や小動物に対する同情のことばを使う。

〇現在を表すことば「きょう」を好んで使う。

〇他児と一緒に紙芝居を見たり、保育者に絵本を読み聞かせてもらうことを喜ぶ。

〇保育者の表現やことば使いを何でも吸収するので、正しいことばで話しかけることを心がける。

〇保育者は子どもの表現を大事にし会話を楽しんだり相づちを打ったりして、一緒に話す喜びを育んでいく。

〇好きな絵本や紙芝居を見てことばの繰り返しを楽しんだり、ごっこ遊びの中から子どもたちのことばを引き出していく。

〇家での出来事や休みの日の様子など楽しい雰囲気で会話ができるようにしていく。

〇小動物や乗り物など好きなものを一緒に見ながら会話を楽しみ、子どもの感情の表れを受けとめて共感する。

〇会話に繰り返しが多い。
・「これなーに？」といろいろなものを指さして聞く。
・気に入った絵本やお話を繰り返し聞く。

2歳6か月〜3歳未満児　　運動

月齢ごとの発達の特徴と子どもの姿	保育上の心づかい
○走る、登る、跳ぶ、押す、引くなどいろいろな動きを繰り返して遊ぶ。 ○いろいろな運動遊びを経験する中で歩いたり、走ったりよじ登ったり、飛び降りたりする。 ・平均台を横歩きで渡る。 ・固定遊具、巧技台、マット（転がり遊び）などで遊ぶ。 ・50センチ位の巧技台の上から飛び降りる。 ・両足で前に跳べる。 ・片足立ち、片足跳びができる。  ○三輪車をこぐことができる。 ○体操をしたり音楽に合わせて歩く、走る動物の真似をする。 ・ジャングルジムによじ登る。	○子どもの様子を見ながら保育者が一緒にやったり他児がしているところを見せたりして楽しさを知らせていく。 ・自分のタイミングで遊べる姿を見極め、誘っていく。 ○散歩は探索をしながら子どもの様子に合わせて少人数で無理のない散歩コースをゆったりと楽しむ。歩き方や危険もあることを状況に応じて知らせる。 ○腕、足、体全体を使った遊びが十分できるように遊具、用具その他の材料を自由に選べたり自分で考えて使えるようにする。 

保育メモ いろいろな動きができるようになり、やりたい気持ちが強くなるが危険に対しての認識が乏しいので怪我には十分に気を付けて、見守り、固定遊具や可動式遊具など事前の点検を怠らないよいうにする。また安全に留意するあまり子どもの行動に制限を加え過ぎないようにする。

2歳6か月～3歳未満児　　認知・知的な働き

月齢ごとの発達の特徴と子どもの姿	保育上の心づかい
○気にいった歌をうたう。 ○ままごと遊びで生活を再現したり、経験したことが遊びになったり、簡単なストーリー性を持った遊びになる。 ○好奇心が盛んで身のまわりの物を「これなに？」と知りたがる。 ○散歩の時に以前見たものを記憶していて、同じ場所に行きたがる。 ・「このなかに」「あっちへ」「このした」「このまわりに」など覚えている場所を言う。  ○いろいろなものを紙や布で包む。 ・紙を折ったり、丸めたり、ちぎったりして遊ぶ。  ○比較する、分類することができる（大小、長短など）。 ○赤黄青緑などの色がわかり正しい色をさす。 ・色のついた積み木で同じ色を合わせて使う。	○保育者と一緒にリズムに合わせて体を動かす、うたうなどの遊びを十分に楽しめるようにする。 ○ごっこ遊びでは、保育者のことばかけが遊びのきっかけや広がりに繋がるので、子どもの気持ちに寄り添ったことばがけができるよう保育者も一緒にごっこの世界を楽しむようにする。 ○自分でわかっていても質問したり、納得いくまで聞きたがったりする。また好きな物語を聞くことや会話の繰り返しを好むので、保育者は十分応えるようにする。 興味を持って質問してきたことは丁寧に応え、ことばと物が一致するようにしていく。子どもが経験したことや身近なことを簡単なお話しにしたり、子どもと一緒に話したりすることでお話の楽しさを伝えていく。 ○はさみ、クレヨン、のり、粘土などいろいろな道具や素材に触れて遊べるようにする。自然に親しんだり、身のまわりの素材を使って作ったり表現したりして、自由に遊ぶ機会を多くし、作る過程を十分に楽しめるようにする。手先を使った遊びは、じっくり落ち着いて遊べるようにコーナーを設ける。また、少人数で遊ぶなど配慮していく。 ・色や形に関心が出てくるので、遊びの中で見たり触れたり感じたりする機会を多くする。

保育メモ　創造力や記憶力が発達してごっこ遊びになるので、保育者も仲間入りして遊びが発展するよう発想を豊かにし楽しんでいく。また、いろいろなものにみたてて遊ぶことのできる素材を多く用意する。
ままごとコーナーにドレッサーやお風呂など日常生活の身近なものを玩具として設置すると、ごっこ遊びの幅がより広がり楽しむことができる。

健康で心地よい生活

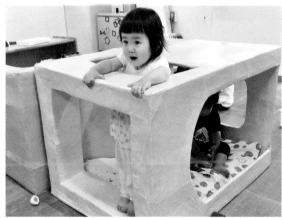

　1歳児は、生活で出会う一つひとつのことに興味を持ち、友だちへの関心を強くして、自分でやろうとする意欲に溢れている時期です。子どものやってみたいという気持ちや友だちがいる環境を大事にしながら、一つひとつの生活行為が心地よい体験となるように支えていきたいと思います。本章では、生活場面を食事、睡眠、排泄、着脱、衛生、安全にわけて、生活習慣を身につけていく上で大切な保育の関わりと環境を学んでいきます。

① 食 事

落ち着いて食べる環境作り

　1歳児クラスでは、遊びと生活の場所を分けたコーナー設定をし、落ち着いて過ごせる環境を整えることが大切です。

　限られた保育室の中で、子どもが落ち着いて食事ができる環境を工夫していきたいですね。環境を整えることで、子どもは食べることに集中できますし、援助する保育士も、一人ひとりと丁寧に関わることができます。簡単にできる設定としては、つい立てや棚を利用する方法があります。テーブルとテーブルの間に立て、小さな空間を作ることで、周りに気を取られず落ち着いて食べることができます。保育室が狭く、コーナーが設定できない場合には、時差をつける、2回に分けるなど、できる限り少人数で食べられる環境を設定します。

椅子・テーブルの高さは合っていますか

　子どもに合った椅子やテーブルを使用し、座った時にしっかりと足の裏が床につくようにすると安定します。体に合った椅子に座ると、体重がしっかり支えられて食べ物が見やすく、口に運びやすくなります。また、正しい座り方をすることによって、噛む力、飲み込む力をつけることにも繋がります。背の低い子や、姿勢が乱れやすい子には、背もたれや足台を利用して座りやすくなるように配慮すると良いでしょう。座面に滑り止めを置き、お尻がすべらないようにするのも効果的です。

使いやすい食具を使う

　子どもが意欲的に食事を進めていくためには、使いやすい食具を揃えることも大切です。子どもの発達に合った食具が用意できるといいですね。柄の部分は、子どもの手の大きさに合った長さで握りやすいもの、くぼみの部分は子どもの口の大きさに合った取り込みやすいものが理想的です。また、食器の内側に返しがあるものを使うと、スプーンですくいやすく、食べこぼしも少なくなります。スプーンを持つ反対側の手を器に添えて食べることも伝えていきます。

食べる意欲を育てる

　食べることは生きる意欲に繋がります。1歳児クラスにとって食事は子どもの成長発達を担う大切な活動ですが、保育者にとっては悩みの多い場面です。丁寧に見守り援助していくなかで、「食べる意欲」の育ちを支えていきたいものです。

　なんでも自分でやりたがり、手づかみ食べや、スプーンを上から握って食べようとするのですが、上手くいかず食べこぼしの多い時期ですね。保育士1名で4〜5名の子どもの食事の援助をしていると、『やってあげた方が早いから』『汚されたくないから』と食べさせてあげたくなってしまうこともあります。しかし、子どもが意欲的にやってみようとする姿を無視してしまうことは、自発性や自信を奪ってしまうことになります。「自分で」の気持ちを大切にすることで、その先の「できた」という満足感・達成感に繋がっていきます。また、1歳児クラスの食事の場面では、汚れることも大切な経験です。洋服が汚れて気持ち悪いという感覚の育ちや、汚れたら着替えるという学びとなります。

▶Episode◀ 「自分で食べたい」

食べることが大好きで、なんでも「じぶんで！」の気持ちが強くなってきているHくん。保育者に介助されることを嫌がり、スプーンを使って食べようとするのですが上手くすくえずイライラしてくると手づかみで食べ始めます。また、食べたい気持ちが先行してこぼしてしまったり、お皿をひっくり返してしまうことが多く、Hくんのテーブルまわりや床、洋服はひどく汚れてしまいます。「こぼれちゃったね」「汚れちゃったね」などと、ゆったりと共感的に声を掛けながら汚れたところをきれいにし、手づかみになってしまった時には保育者がスプーンですくったものをお皿に置き、「スプーンで食べようか」と促すと、再びスプーンを使って食べ始めます。『こぼさないで』『手で食べないで』と内心では思ってしまいますが、Hくんの"自分で"食べたい気持ちを大切にしながら、援助しています。

小食・偏食への対応

　小食で食べることに興味がなかったり、好き嫌いが多く食べむらのある子への対応も難しいですね。まずは、食事の量を調節してあげながら、『食べられた』達成感を感じられるようにしていきます。苦手な食材を小さくカットしたり、少しでも食べられたら食べた喜びを感じられるように根気よく声をかけ続けることで、子どもは安心して食べられるようになり自信に繋がっていきます。無理に食べさせるのではなく、自分から食べてみようと思えるような声かけや援助をしていくことを心掛けたいですね。保育者としては、「野菜もお肉も全部食べきるまで……」と思ってしまうことがあるかもしれませんが、それは逆に子どもにストレスをかけることになり、本来食べることを楽しむはずの時間が、苦痛の時間になってしまいます。食べきっていなくても、遊び食べになってきたら切り上げて、食べ物では遊ばないことを知らせていきます。この時期の偏食は、その時々の気分によるものも大きいです。今日食べなかったものでも、明日は食べることもあるので、個人差に配慮しながら援助していけるといいですね。また、生活パターンが小食の原因になっている場合もあるので、家庭と連携していくことも大切です。

▶Episode◀ 「にんじんさん、泣いてるね」

　好き嫌いが多く、日によって食べる日と食べない日があるＹちゃん。みそ汁の汁だけを飲み干し、少しでも野菜が口に入ると「ぺっ」と吐き出す程の野菜嫌い。見た目で「いらない」と顔をそむけ、皿を払いのけることもあります。集中力も続かず、食べたいものがない時はスプーンで食器を叩いたり、混ぜて遊ぶ姿が目立ちます。そんなある日、「いらない！」と、野菜の入った皿を払いのけたＹちゃん。そこで、「あら……にんじんさんかわいそう。えーんえーんって泣いちゃった。Ｙちゃんが食べてくれないよーって泣いてるみたい……」と、野菜の気持ちになりきって悲しく表現してみました。いつになく神妙な顔で皿を見つめるＹちゃん。そこで、「にんじんさん、泣いてるね……。ひと口食べてあげる？」と、野菜ののったスプーンをＹちゃんの口元へ運んでみました。すると、大きく口を開けてパクっと食べてくれ、それだけでなく、「おいしい」と言って野菜を完食したのです。保育士だけでなく、まわりのお友達にも「すごいねぇ」と言ってもらえることで、どんどん食べる意欲が増していくＹちゃん。その日の気分にもよりますが、食べさせてもらうのではなく、「自分で！」と自らスプーンで野菜をすくい、食べられるようになってきました。

配膳の工夫

　食事を配膳する際には、果物（デザート）も初めから出しておき、子ども自身が自分で食べたいものを選択しながら食事を進めていくことが大切です。「ごはん食べないと果物ないよ」等という声かけや駆け引きは避けましょう。果物が目の前にあることによって、励みになり苦手なものも食べてみようかなという気持ちが芽生えることもあります。最初に果物に手が伸びてしまっても、否定したりせず、「果物食べたらご飯も食べようね」とゆったりとした気持ちで関わっていけるといいですね。

信頼関係のもとで

　大好きな人と一緒に食べる食事は、おいしさが何倍にも広がります。「友達や先生みんなで食べるとおいしい！」と感じるのは、相手と気持ちが通じ合い心がわくわくするからではないでしょうか。食事時間が楽しいと食欲も沸いてきますね。日々の生活の中で子どもとの信頼関係を築き、落ち着いた和やかな雰囲気の中で楽しく食事を進めていくことが大切です。自分を援助してくれる保育士との信頼関係の中で、安心して自分の要求を出し、おいしく食べた満足感で満たされると、心も豊かになることでしょう。一つ気を付けたいことは、楽しく食事をすることが、大きな声で会話をしたり友だちとふざけ合って気持ちが高まってしまうことではないということです。食事中の声の大きさや姿勢など、食事のマナーも丁寧に伝えていきたいですね。

アレルギーの対応

大切なこと
- ●アレルギー児への配慮は、全職員が周知しておく。
- ●保護者、看護師、調理師、栄養士との連携。
- ●年度始めに、食事の受け取り方のシミュレーションを行うこと。
- ●万が一、誤食をしてしまった際は、アレルギー対応マニュアル等に従って、適切に対応。

配慮すること
- ○毎日の確認は、朝礼等で周知し、食事を受け取る際も名前、アレルギー食材の有無を声に出して毎回欠かさず行い、アレルギー児専用のトレーに乗せて配膳します。
- ○食事のテーブルもアレルギー児専用にすることで、誤食を防ぎます。例えば、他児のこぼした牛乳が、乳製品アレルギー児の体にかかってしまうことがないように、距離を保つことが大切です。
- ○台拭きや雑巾、おしぼりもアレルギー児専用にすることでアナフィラキシーを防ぐことにつながります（例えば、色を変えた台拭きや雑巾にする等）。
- ○防災、災害、緊急時に備えて、アレルギー児にゼッケンをつけ、誤食を防ぐ対応もあります。ゼッケンに何のアレルギーなのかわかるようにマークを付けるなどの工夫も良いです。

② 睡眠

安心して眠れる環境

　1歳児クラスでは、子どもは少しずつ生活の流れがわかり見通しをもって生活するようになります。午睡の時間には、自分の布団に行って横になる姿が見られます。布団に入ってからは安心できる保育者に優しく触れてもらったり、子守唄を歌ってもらったりしながら眠ります。

　子どもたちが安心して眠れるよう、いつも同じ場所に布団を敷きます。いつも同じ場所に自分の布団が敷いてあるということも子どもたちが安心して眠れる環境の一つです。子どもの様子や、配慮事項などを担任間で話し合いながら、その子にあった安心できる睡眠スペースを探していきます。布団の配置を共有するために、マグネットボード※などで布団の配置表をつくるなどの工夫もあります。

※マグネットを使用する際は誤飲の危険性もあるので、板状のマグネットを使うなど、落ちないような工夫や置き場所などに注意しましょう。

Q こんなときどうする？

子どもたちが布団に入り、静かになったところで一緒に組んでいる先輩保育者が休憩に出てしまうと、今まで静かに布団に横になっていた子どもたちが起き上がったり歌を歌いだしたりします。側についている子は静かにしていますが、周りの子が騒ぐので眠る雰囲気ではなくなってしまいます。「寝ましょう」と声をかけても全く聞いてくれない子どもたち。そして先輩保育者が戻ってくるとパッと布団に入り静かになります。

A 若手保育者によくある悩みですね。1歳を過ぎた子どもたちは、自分の思いをイヤイヤとして表現するようになりますが、出し方は保育者によって違います。ちょっとした環境の変化に気付き、気持ちが高ぶって眠らなくなることもあります。体調によることもありますが、その時の状況から寝たくない理由を推察し、どんな環境だと眠りやすいのか、どんなかかわりや声掛けで眠りのスイッチが入るのか、その子の寝る時の癖など一人ひとりの様子を普段からよく観察して、安心して眠れる環境を考えていきましょう。

　園内での睡眠環境の改善としては、寝る時に周りの様子が気になりやすい子は、棚やついたてなどで他の子が見えない様に工夫することができます。玩具などが気になってしまう子は棚から離れたところにしたり、棚の中が見えない様に布をかけたりしてみま

しょう。中にはたくさんの布団が敷いてある環境自体が苦手な子、布団を見るだけで
寝ることへの不安が押し寄せてきて泣いてしまう子もいます。そのような場合には
抱っこしたり、無理して皆の中で寝かせず一人だけの環境や安心できる場所を探って
みるのもいいですね。

家庭とともに生活リズムを整える

Q こんなときどうする？
保護者から夜なかなか寝付かないので、昼に寝かせて欲しくないと言われることがたまにありま
す。「お休みの日は寝てないので」と言われるのですが、園では自然と寝てしまいます。どうした
らよいでしょう。

A 休みの日の家庭での1日と、園のような集団の中で過ごす1日では子どもの活動量
は大きく異なります。自然と寝てしまう子は睡眠が必要な状態であることを丁寧に伝え
てみましょう。睡眠をしないまま過ごすと、夕方足元がふらついて怪我が起こりやすく
なったり、いつもより泣く、怒るなどの姿が増えたりします。

　1歳児の子どもたちはまだ自分で体の状態や生活リズムをコントロールすることは
難しいので、楽しいことがあると寝るのを忘れて遊び続けてしまうかもしれません。

　園生活を健康的に過ごすうえで、睡眠は重要であり、1日を通しての生活リズムをこ
の時期に整えていくことが大切です。起床時間、その子の体力、活動量はそれぞれ違い
ますので園生活を心地よく過ごすための1日の生活リズムを家庭とともに整えていき
ましょう。

　夜の寝つきに困っている家庭には、まず家庭での睡眠環境を丁寧に聞き取ってみま
しょう。入眠の直前までTVやスマホを見ているなどがあれば、少しずつ控えてもらえ
るよう話をし、寝つきが遅くなっている場合には、夜無理に寝かしつけるよりも、朝早
く起こす方法を提案してみてもよいと思います。家庭によって生活リズムは様々です。
帰ってからの過ごし方や、夜の入眠時の様子、園での様子を伝えあいながら、どのよう
な工夫ができるのか一緒に考えていけるとよいですね。

③ 排　泄

おむつ替えコーナーの作り方

　おむつ替えは、トイレの中や保育室の片隅に、台やついたてを使って〝おむつ替えコーナー〟を設けて行いましょう。プライベートゾーンが人目に触れることのないように配慮された環境を用意することが大切です。乳児期にこうして大人に大切に配慮してもらったことが、その後の育ちの中で、自分や他人のプライベートゾーンを大切にしようという正しい意識と配慮を作るのです。

おむつ替えのタイミング

　おむつ替えのタイミングは、遊びの場面が切り替わる時や、生活の流れの切り替わる時にしましょう。濡れていたら「おしっこでたね。気持ち悪かったね。きれいにしようね」などと声をかけ、向き合いながら行いましょう。遊んでいる途中で声をかけられると、まだ遊びたい気持ちがあるので誘いを拒んだりします。「きれいになったらまた遊ぼうね」と、遊びが継続されることを知らせたり、遊んでいる途中の物をおむつ替えコーナーの脇に置いてあげるなどすると、安心した気持ちでおむつ替えに応じるようになります。

　単純におむつを替えるというだけでなく、保育士と子どもが1対1で一定時間向き合える大切な時間として関われると良いですね。

おむつ替えの仕方

　濡れたおむつを替える時に気を付けたいことは、紙おむつであっても布パンツに代わるものとして扱うことです。濡れたおむつを外す時は、布パンツと同じように丁寧にゆったりと向き合いながら脱ぎ履きすることを教えましょう。

　まず、「脱ごうね」と伝えながら子どもと一緒に下げます。新しいおむつを履く時は、お尻を床に付けることのないように声をかけます。その時に、大人につかまって立って片足ずつ足を入れることや、両手でおむつを上げることなどを知らせるといいですね。それがやがては自分でパンツやズボンを上げ下げすることに繋がります。

　排尿後のおむつ替えのときは、手早く替えることを意識して、紙おむつの脇を破って替えていると、やがて濡れて気持ち悪くなった時に子どもが自分でビリビリと破るようになることがあります。

　保育者は、布パンツと同じように上げ下げして替えるように丁寧な関わりを通して伝えていくことを意識しましょう。

　排便の始末をする時は、感染症対策を意識して行いましょう。おむつ替えコーナーのマットに直接お尻がつかないように、紙を敷いてお尻を拭くなどの配慮をします。替えたおむつをその紙で包むようにすると、におい対策にもなります。最後にマットの消毒をします。万が一感染症に繋がるような便の時でも、しっかり手立てを取って、他児に感染が広がらないように最大限の配慮をすることが大切です。

トイレへの誘い方

　一定時間おむつが濡れなくなってきたら、トイレに誘ってみましょう。初めは座ってもすぐに排尿できないで立ち上がりますが、繰り返し積み重ねていくうちに排尿する感覚がわかってきます。座って排尿できるようになってきたら、家庭とも連携して同じように進められるようにしていきます。おむつはずしを始めたら、平日だけでなく休日も同じ対応になるように、ことばがけやタイミングのつかみ方を家庭と共有しあいましょう。

　座って排尿できたら「おしっこでたね」とことばにすることで、「これがおしっこなんだ」と認識していきます。繰り返していくうちに、膀胱にたまる感覚がわかるようになり、トイレですることができるようになっていきます。自分から教えてくれるようになるのを待ちましょう。

　布パンツになってもおもらしすることもあります。おもらししたらすぐに拭き取れるおもらし用の雑巾を用意しておくと便利です。

　昨日までは喜んでトイレでしていても、「いやいや」と言う時もあるものです。そういう時は無理に誘わず、一人ひとりのタイミングに合わせてトイレに行かれるように工夫してあげましょう。

▶Episode◀ "タイミング"

午睡明けにおむつが濡れていないときはトイレに誘って座ってみます。はじめはちょんと座ってすぐに立ち上がってしまったり、トイレに入ることを拒んだりする姿が見られます。やがてたまたま出たことに驚いたり喜んだりする友だちの姿を見て、おむつに出ていても座ってみようとします。トイレが遊びの場にならないように、適当なタイミングで声をかけて切り上げることも大切ですね。

④　着　脱

衣服の脱ぎ着の仕方と工夫

　衣服の脱ぎ着の時は、ひとつひとつの動作にことばを添えたり、時にはユーモアも交えて保育者とのふれあいを楽しみにしたりしながら着替えの方法を知らせています。

　着替えは、Ｔシャツを脱いだらＴシャツを着て、ズボンを脱いだらズボンを履くようにし、上下とも一度に脱いでしまわないようにします。また、手伝ってあげる時も万歳ポーズで脱がせたり、肌着と２枚一緒に脱がせたりせず、いずれ自分で脱ぎ着することにつながるように、袖から片方ずつ腕を抜いてから頭を抜いて脱ぐ方法を知らせます（着るときはその逆にします）。

　ズボンや靴を履くときは、段差があるとやりやすいので、箱積み木や牛乳パックなどで台を用意するのも良いですね。

「じぶんで！」「やって」両方の気持ちを大切に

　自分でやろうとした時は温かく見守り、「やって」と来た時には手伝ったり、一緒に行ったりし、タイミングよく援助するようにします。

　自分で頑張ってできた時にはそれが喜びになるようなことばをかけ、次への意欲につなげていくことも大切です。また、自分でやりたい気持ちが出てきたら、大人が少しでも手伝うと怒ってかえって時間がかかることがあるので、大人がゆとりを持ってかかわるようにすると良いですね。難しいところをさりげなく手伝ってあげながら、少しでも「自分でできた」という達成感を味わえるようにし、褒められることで、自信となり意欲も高まります。

▶**Episode**◀ 「自分でできるもん」

おむつ交換のあと、ズボンを履くのを手伝おうとすると、「Kちゃんが」とズボンをつかみます。「わかった、やってごらん」と言って任せることにしました。とは言っても完全に任せるわけではなく、ズボンの裾を左右にわかりやすく伸ばしてあげたり、ズボンの前を一生懸命引っ張っている時、うしろのおむつに引っかかっているところを上げてあげたり、手伝っているとわからないようにさりげなく援助します。でも、Kちゃんは、自分でできたと得意気です。「Kちゃんできたね、良かったね」と一緒に喜び合いました。

さりげない援助がカギですね。

着脱しやすい服や靴の選び方

・Tシャツ・シャツ→体にフィットしすぎず、袖から腕を抜くときにゆとりがあるもの。襟ぐりがきつすぎないもの。ボタンが小さすぎないもの。

・ズボン→スパッツのように体にフィットしすぎず、裾にゆとりのあるもの。ウエストがゴムで伸縮性のあるもの。

・靴→足の甲の部分のベロがガバッと開いて履き口が広くなり、足を入れやすいもの。マジックテープ式なら子どもでも扱いやすい（靴の選び方の詳細については以下を参照）。

　家庭と連絡を取りながら、脱ぎ着しやすい服や靴を用意してもらいましょう。脱ぎ着しやすい服は動きやすさも兼ねそなえていることが多いです。着脱に興味を持ち始めた子どもが「自分でやりたい」と思える服にしてあげたいですね。

1歳児の靴選びのポイント

> ★つま先部分が広く、指が靴の中で自由に動くもの
> ★かかとの周りがしっかりしているもの
> ★靴底が指のつけ根部分でしっかり曲がるもの
> ★甲の部分が足にフィットしているもの

　子どもの成長は早いので、長く使えるように少し大きめのサイズを選びたくなりますね。

　でも、子どもの足はほとんどが軟骨でできているので、サイズが小さすぎる靴や大きすぎる靴を履いていると、指が曲がってしまったり、浮き指や外反母趾になるリスクが高まります。3歳くらいまでは、だいたい3～4か月ごとに確認するようにしましょう。

⑤　衛　生

手洗い

　一人でしっかりと立てるようになったら、洗面台で手洗いに誘います。洗いやすいように必要に応じて、踏み台などを用意します。はじめは保育者が手を添えて、「あわあわ〜」「ごしごし〜」「ジャー」「パッパッパッ」など動作を簡単なことばにしながら一緒に行い、洗い方を知らせていきます。「きれいになって気持ちいいね」「バイキンさんバイバーイできたね」などとことばをかけると、自分でできたまたやってみよう！　という意欲に繋がっていきます。外遊びから戻った後や食事の前、排泄後など活動の区切りに手洗いに誘っていくうちに習慣となっていくので、一人ひとりに合わせ細かい点も伝えるようにします。中には手洗いに興味を示さない子もいるでしょう。そんな時には、手洗い歌を遊びに取り入れてみるのもいいですね。

爪のケア

　新陳代謝が活発な子ども達の爪は、伸びるスピードが速く、薄くて割れやすい特徴があります。爪が伸びていると、自分や友だちの肌をひっかいて傷ができたり、爪の間に汚れがたまりやすくなったりします。怪我の予防、衛生面からもこまめにケアすることが大切です。（次頁参照）

鼻かみ

　子ども自身が鼻水が出ていても気にならない時期ですが保育者が「お鼻でたねー、きれいにしようね」などと伝えこまめに拭きとることで、きれいになった喜びを伝えていきます。成長とともに少しずつ鼻水が出ていることを意識し始めるようになったら、保育者が片方の鼻をティッシュでおさえ「フンしてごらん？」とやり方を知らせていきます。鼻をかんだティッシュは感染予防のため蓋付きのごみ箱に捨てるようにし、その後は手洗いをしっかりしましょう。

下痢嘔吐の処理

　下痢や嘔吐の処理は、汚染拡大を防ぐために適切な方法で行うことが大切です。汚染された子どもの衣類は園では洗わず、保護者に返すまでは蓋付きのバケツなどに入れて保管します。返却する時には、消毒方法をまとめた手紙を添付すると保護者の方々に処理方法がスムーズに伝えられます。

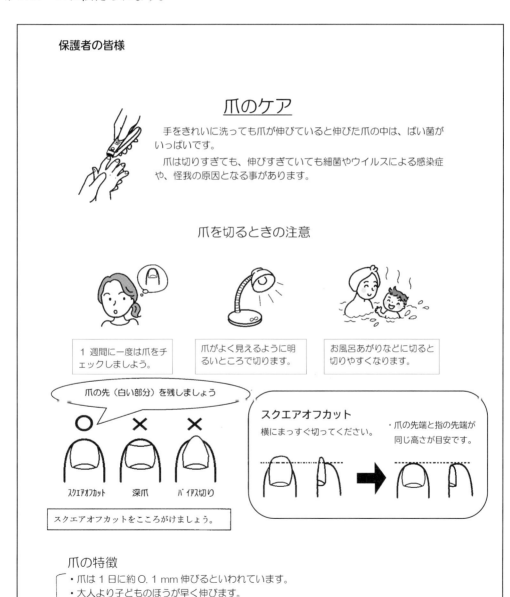

保護者の皆様

爪のケア

　手をきれいに洗っても爪が伸びていると伸びた爪の中は、ばい菌がいっぱいです。

　爪は切りすぎても、伸びすぎていても細菌やウイルスによる感染症や、怪我の原因となる事があります。

爪を切るときの注意

１週間に一度は爪をチェックしましょう。

爪がよく見えるように明るいところで切ります。

お風呂あがりなどに切ると切りやすくなります。

爪の先（白い部分）を残しましょう

○ スクエアオフカット　× 深爪　× バイアス切り

スクエアオフカットをこころがけましょう。

スクエアオフカット

横にまっすぐ切ってください。

・爪の先端と指の先端が同じ高さが目安です。

爪の特徴

・爪は１日に約0.1mm伸びるといわれています。
・大人より子どものほうが早く伸びます。
・冬よりも夏のほうが早く伸びます。

⑥ 安全

靴の履き方

　サイズの大きな靴を履くと、靴の中で足が動いてしまい歩きにくくなり、つまずいたり転倒したりする原因になります（55ページ　１歳児の靴選びのポイント参照）。左右逆に履くと転倒しやすいのは、足に合っていないからなのです。

　履かせるポイントは『かかとトントン』です。

　つま先トントンで履かせるのではなく、かかとトントンで履かせる習慣づけが大切です。

ステップ１「足を入れる」

ステップ２「かかとをトントンする」

ステップ３「左右のベルトを強く引き寄せる」

ステップ４「ベルトを留める」

参考…吉村眞由美（yoshimuramayumi.com）より

　自分で履きたい気持ちに寄り添いながら、最後は、保育者が「かかとトントン♪」など口にしてベルトの確認を行い、足が靴にフィットする感覚を育てることも大切です。

　足の健康に影響するので、靴の履き方を一人ひとり丁寧に知らせていきましょう。

チャイルドビジョン（幼児視界体験メガネ）

〜子どもの視野を体験してみよう〜

　子どもの特性として、子どもの目の高さは大人より格段に低いため、視野が限られます。

　また、一つのものに注意が向くと周りのものが目に入らなくなります。

　子どもがどんな視点で見ているのか、体験してみることで、危険な場所、物など見えてくるのではないでしょうか。

　日頃の保育の中で、危険なこと等何度も繰り返して教えることや、具体的に知らせることはとても大切なことです。

　また、保護者会等で保護者に体験してもらう機会も設けると良いですね。

参考…東京都福祉保健局（www.fukushihoken.metro.tokyo.lg.jp）

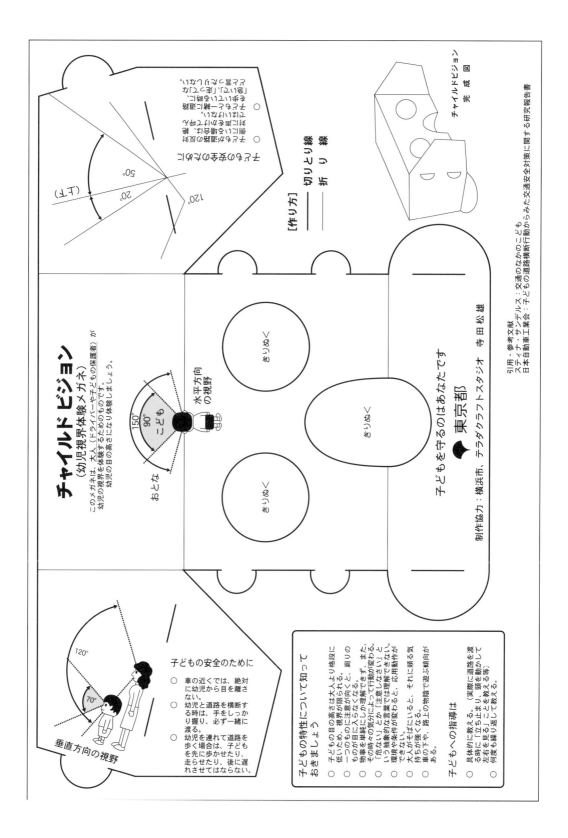

チャイルドビジョン
（幼児視界体験メガネ）

このメガネは、大人（ドライバーや子どもの保護者）が幼児の視界を体験するためのものです。幼児の目の高さになり体験しましょう。

水平方向の視野

こども 150° 90° おとな

垂直方向の視野

120° 70°

子どもの安全のために

○ 車の近くでは、絶対に幼児から目を離さない。
○ 幼児と道路を横断する時は、手をしっかり握り、必ず一緒に渡る。
○ 幼児を連れて道路を歩く場合は、子どもを先に歩かせたり、走らせたり、後に遅れさせてはならない。

子どもの特性について知っておきましょう

○ 子どもの目の高さは大人より格段に低いため、視界が限られる。
○ 一つのものに注意が向くと、周りのものが目に入らなくなる。
○ 物事を単純にしか理解できず、また、その時々の気分によって行動が変わる。
○ 「危ない」とか「注意しなさい」という抽象的な言葉では理解できない。
○ 大人がそばにいると、それに頭が行く。持ち前が強くなる。
○ 環境や条件が変わると、応用動作ができない。
○ 車の下や、路上の物陰で遊ぶ傾向がある。

子どもへの指導は

○ 具体的に教える。（実際に道路を渡る時に「立ち止まり、頭を動かして左右を見る」ことを教える等）
○ 何度も繰り返して教える。

サイドのメガネに

○ すてきな顔の表情を、自由に描いてみよう。気に入ったかたちに切ってもかまいません。
○ お友だちに一緒に遊んでいる様子に、「待って」「危ない」と言わせてもいい。

50° 20° 120° （下）

切りとり線
折り線

きりぬく
きりぬく
きりぬく

[作り方]
—— 切りとり線
----- 折り線

チャイルドビジョン完成図

子どもを守るのはあなたです

♥東京都

制作協力：横浜市、テラダクラフトスタジオ　寺田松雄

引用・参考文献
スティナ・サンデルス：交通のなかのこども
日本自動車工業会：子どもの道路横断行動からみた交通安全対策に関する研究報告書

熱性けいれんの対応

　発熱とともに、熱性けいれんにも注意が必要です。お迎えが来るまでは、そばで異変がないか見守るようにします。各保育園の対応マニュアルを参考に、職員間で確認をしておきます。

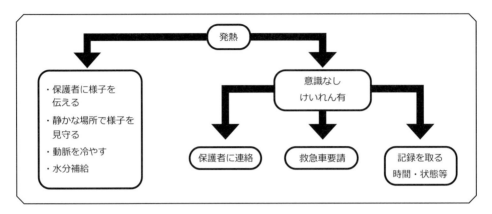

小さな怪我の対応

　どんなに小さな怪我でも、すぐに処置をして、保護者へ状況や処置方法を丁寧に伝えることが大切です。

擦り傷や切り傷

まずは、傷口を水でよく洗い流します。傷口に砂などが残らないよう、丁寧に洗い流します。傷口が乾かないように、保護するようにします。消毒液は、良い菌も殺してしまう恐れがあり、自然治癒力を高めるために使用は控えます。

噛みつき

流水で5分ほどよく冷やします。
一度噛みつき跡が薄くなっていても、後から腫れることがあります。
家庭にも丁寧に知らせることが大切です。

玩具の大きさ　〜トイレットペーパーの芯が基準となる〜

　1歳児は、玩具を口にすることが多くみられます。口にした玩具をうっかり飲んでしまうことのないように、玩具の提供の際は気を付けなければならないのです。

　基準としてトイレットペーパーの芯を通すものは、子どもの喉を通す大きさだといわれています。玩具を提供する際に参考にすると良いですね。

保育園のここが危ない！

　園内外の危険マップや安全チェック表などを作成し、職員間で共通認識を持っていくことが大切です。また、ヒヤリハットの活用をしていくことで、環境面を見直し、同じ怪我や事故の防止につながります。

ヒヤリハット分析・評価表

けがをする前に気がついた （ヒヤリハット）		受傷し応急手当をした	受傷し受診をした
いつ	年　月　日（ ）午前・午後　時　分		記録者
だれが		男　・　女	才児クラス
状況			
どこで	・保育室　・廊下　・ホール　・トイレ　・階段　・園庭　・散歩先　・その他 （　　　　　）		
何を している時	・遊び　・食事　・排泄　・午睡　・朝当番　・夕当番　・その他（　　　）		
どこを	・頭・顔・眼・口腔・歯・上肢・手・体幹・下肢・その他（　　　　　　　　）		
どうした	・かみつき・ひっかき・打撲・すり傷・切り傷・刺し傷・脱臼・骨折・その他（　　　）		
どう 手当てをした	・冷やす・洗う・止血・安静・その他（　　　　　　　　　　　　　　　）		
報告時間	時　分　・園長・副園長・看護師・その他（　　　　　　　　　）		
保護者への説明	・あり・なし	説明を受けた人　・父・母・その他（　　　）	説　明　者 （　　　）

要因		具体的な分析	改善策	評価内容
環境	・園舎/園庭の構造 ・備品の配置・固定方法 ・固定遊具の構造 ・玩具の整理整頓 ・机/椅子のサイズ ・食具のサイズ ・その他			/
保育士	・経験・知識 ・保育士の位置 ・思い込み・慣れ ・園児の観察不足 ・連絡不足 ・確認不足 ・その他			
子ども	・年令発達の程度 ・性格 ・心理状態 ・生活状況 ・家族の要因 ・その他			

〇〇ぐみ保育室の安全チェック表

NO	チェックポイント	4月	5月	6月	7月	8月	…
1	子どもの手の届くところに触らせたくないものを置いていないか						
2	誤飲の恐れのあるもの・危険なものは落ちていないか						
3	敷物を敷く際、段差や折れてつまずきやすくなっていないか						
4	マット・敷物には滑り止めをしているか						
5	室内が整理整頓されているか						
6	室内で角が鋭い部分にはガードがしてあるか						
7	扉のストッパーがあがったままになっていないか						

ヒヤリハット　〇〇ぐみどこが危ない？

カラーBOXの角
角が鋭角なので、ぶつかると怪我につながる。コーナーガードなどを取り付けておく

ジョイントマット
段差で転んだり、つまずいたりするので玩具を持って走らないようにする

引き戸の柵
子どもの手や足が引き込まれやすいので、アクリル版ガードなどを付けておき、開閉時は子どもがいないことを確認する

<参考資料>

園内研修
リスクマネージメントグループ ではこんな活動を行っています！！
〜けがをしない健康な身体作り〜

◎クラスごとにヒヤリハット強化週間をもち考察、他クラスからの意見を
もらいながら子ども理解を深めたり技術向上を目ざしています！！

きりんぐみ
・子どもたちが遊びこみ、夢中になれる遊びをたくさん見つけていく。そこから自分で危険なことに気づいてやめようとする強い気持ちを育んでいこう！

ぞうぐみ
・テラスや室内を走ること、上履きを履かないことなど、なぜ危険であるのかを具体的に説明し、子どもたちに伝わるようにしていきたい。子どもの行動にも理由があるので、その気持ちを汲み取って別の方法を一緒に考えていく。

うさぎぐみ
・園庭遊びでは異年齢児への興味で遊びが広がった分、斜面と可動式遊具でのヒヤリハットが増えている。遊具の扱い方を知らせていくと共に裸足で遊ぶ際の環境設定の仕方も考慮していく。

ばんびぐみ
・1階に降りてきて行動範囲が広がった。遊びの中で様々な動きを経験しながら体幹を育み、体力作り・身体作りをしていく。

ぺんぎんぐみ
・"やってみたい" "ぼくも！わたしも！"気持ちは強いけれどまだ危険の判断は難しい年齢。転倒や衝突も増えています。意欲を大切にしながらも、安全に遊べる環境を整えていきます！

ひよこぐみ
・ハイハイ・お座り・つかまり立ち…どんどん成長していく時期。子どもから目を離さず転倒など未然に防いでいく。危険個所は即改善！！
・大人が声の大きさに気を付けたり丁寧な言葉を使っていこう。

◎園庭についても掘り下げて検証しています。

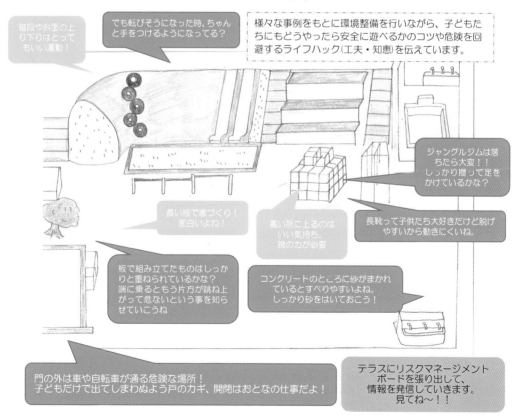

階段や斜面の上り下りはとってもいい運動！

でも転びそうになった時、ちゃんと手をつけるようになってる？

様々な事例をもとに環境整備を行いながら、子どもたちにもどうやったら安全に遊べるかのコツや危険を回避するライフハック(工夫・知恵)を伝えています。

ジャングルジムは落ちたら大変！！しっかり握って足をかけているかな？

長い板で家づくり！面白いよね！

高い所に上るのはいい気持ち。腕の力が必要

長靴って子供たち大好きだけど脱げやすいから動きにくいね。

板で組み立てたものはしっかりと重ねられているかな？端に乗るともう片方が跳ね上がって危ないという事を知らせていこうね

コンクリートのところに砂がまかれているとすべりやすいよね。しっかり砂をはいておこう！

門の外は車や自転車が通る危険な場所！子どもだけで出てしまわぬよう戸のカギ、開閉はおとなの仕事だよ！

テラスにリスクマネージメントボードを張り出して、情報を発信していきます。見てね〜！！

⑦ ゆったりとした生活

　1歳児クラスの子どもは発達の差がとても大きいことが特徴の1つです。そして一人ひとり安心できるテリトリーの広さや声や音の強さが違います。少人数で過ごしそれを決まった保育者が守ってあげることで、安心して自分らしく過ごせる空間や時間が作れるのではないでしょうか。いつも同じメンバーで過ごすか、メンバーは変えた方がよいか、月齢ごとがよいか、混合の方がよいか、子どもや大人の人数の割合はどうするとよいかなど、クラスに合う過ごし方をみつけてください。

▶**Episode**◀　**友だちを押すAくん（2歳3か月）**

子どもが14名、保育者が4名のクラスの一場面です。

Aくんは自分が遊んでいる側で遊ぶ子や通る子に噛みつこうとしたり、押したりする姿がありました。そこで、クラスの子どもを2つに分けて遊ぶようにしてみました（人数、メンバーの固定はなし）。パズルをしているAくんの隣にBちゃんが座って遊びだしますが、チラッと見ただけで、そのまま自分のパズルをし続けたAくん。パズルが完成すると「でった」と嬉しそうに側にいた大人に見せると再びパズルに取り組みだしました。しばらく続けていたらいつのまにかAくんの押したり噛みつこうとしたりする姿は見られなくなり、穏やかな笑顔で遊ぶことが多くなりました。大人もAくんの様子を常に追いかけるのではなく一緒に遊んだり、側を離れて他の子と関わる余裕がもてるようになりました。

 まわりが気にならないから
イライラしないよ

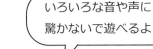 いろいろな音や声に
驚かないで遊べるよ

 先生がしっかりぼくを見て
いてくれるからうれしいな

 静かな雰囲気だと
安心して遊べるよ

 自分のペースで過ごせるよ

 好きな遊びで
遊びこむことができたよ

 先生たちのそっと見守って
くれる雰囲気が好きだよ

▶Episode◀　遊具で遊べないCくん（1歳5か月）

子ども12名、保育者3名のクラスの一場面です。
Cくんは室内では歩きまわっていることが多く、探索活動が好きなのかと思っていました。
同じグループで過ごしているメンバー4名と担当保育士1名のみで室内で遊ぶ機会を作りました。Cくんはすぐにままごとコーナーに行き、クラスで1番月齢の高いDちゃん（この日は別のグループだった）がよく使い遊んでいる鍋を出し「ジュージュー」と言いながらいつもDちゃんがしてるように遊びだしました。その後もままごとコーナーの遊具を出して今まで見たことがないくらい遊具を使い遊ぶことができました。グループは月齢ごとなので遊ぶ場所やねらいによってグループごとにしたりメンバーを入れ替えたりして過ごすようにしてみています。

好きな遊具で
好きなだけ遊べて嬉しいな

Dちゃんみたいに
遊んでみたかったんだ

いつも一緒の友だちと
先生とだと安心して遊べる

じっくり遊べて楽しかったな
また遊びたいな

落ち着いて過ごせて
集中して遊べたよ

先生に見守られて
遊べたよ

▶Episode◀　ズボンを脱ぎ捨てるAちゃん（1歳8か月）

子ども17名、保育者5名のクラスの一場面です。
Aちゃんが担当以外の保育者と着替えをしていると怒って泣き出し、今はかせてもらったズボンを脱いでしまいました。担当の保育者が気付き「自分ではきたかったんだね」と声をかけながら途中までズボンをはかせると、満足そうにズボンを上げ担当保育者の方を見ます。Aちゃんと担当保育者の関係性が垣間見えた場面でした。

いつも見ててくれるから
先生大好き

すごいでしょ
私できるのよ

次は自分ではくよ

私のこと他の先生にも
知ってほしいな

先生私のこと
よくわかってくれてるね

先生に見守られて
遊べたよ

▶**Episode**◀ 泣き止まないDくん（1歳8か月）

登園時から泣き続けるDくん。担当保育士が受け入れ、だっこや、遊びに誘ったり、外に出たりしてみますが一時泣き止んでもすぐに泣きだし、泣き続けました。担当保育士は1日抱っこし続けヘトヘトになってしまいました。その日の終わりに同じクラスをもつ先生達の「今日はお疲れさま」や「明日は順番に関わってみる？」ということばで救われた気持ちになりました。

先生のこと
嫌いじゃないよ

泣きやむきっかけが
わからなくなっちゃったな

　少人数で過ごすための方法の1つとして担当制があります。担当制とは保育者が一人ひとりの子どもの様子や発達を細かく把握し、その子に合った援助をすることで、子どもが決まった大人としっかり信頼関係を築き、少人数の中で安心して自分らしさを発揮し、取り組む意欲を持てるために行います。担当以外の大人に慣れないのではないか、自分はこの子の担当でよいのか、どこまででどのように関わることが担当なのか、など悩み考えてしまうこともあると思います。

　少人数の保育や担当制を行っていくには、何よりも大人同士のチームワークが大切です。忙しい毎日の中で、日々の保育の振り返りを大切にし、子どもたちのことをクラス全体で共有できるように、気付いたこと、担当以外の職員が客観的に感じたことなど話し合う時間をたくさん作ってください。

　担当制を行ってみようと考えたり、行ってみているけれどこれでいいのか不安になることがあると思います。いくつかの疑問について取り上げました。

①担当制とはどんなことですか。どんなことを行うのでしょうか。

★担当制とは、子どもが決まった保育者と関係を作ることで、安心して自分を表現することができるようになる保育方法の1つです。少人数で過ごすことで安心して自分の思いを出し、保護者の方とよりよい関係を築き、そして保育者が子どもの事をよく知ることができます。

　担当制の方法には、受け入れから全ての生活や遊び、保護者対応を受け持つパターンと、特に大切にしたい部分を担当と行うパターンなどがあります。受け入れはその日のサブが、遊びはクラスの様子やその日の活動により臨機応変に、食事や着脱は担当と行い、排泄は担当にこだわらない、など。もっと具体的な例は6章のアンケートにありますのでそちらもぜひ参考にしてみてください。

②初めて１歳児クラスの担任になった３年目の保育士です。クラスでは担当制を行い子ども 15 名のうち４名が自分の担当です。担任は正規３名と非常勤１名で非常勤を含め皆さんベテランの方です。自分の担当以外の子どもたちとは、遊ぶ様子はわかりますが、食事や着脱の様子がよくわかりません。これでもよいのでしょうか。

★自分の担当の子どもとしっかり信頼関係が築けていればいいと思います。

　担当以外の子どもたちの様子も知ることができるように、担任同士の情報交換は大切です。それを上手く行っていくことはまわりのベテラン保育士の役目でしょう。とはいえ、同じクラスの子ども達です。クラスや全体の打ち合わせだけでなく、昼寝や夕方保育に引き継いだ後に、子どものかわいかった様子や、今困っていることなどから話してみるのはいかがでしょうか。

　また、子どもたちは保育者の様子や表情をよく見ていて、話しもよく聞いています。保育者は表情やことばの使い方に気を付けてポジティブな話し方を心がけたいですね。

③私は非常勤保育士なので週３日しか出勤しません。少人数で過ごすことが子どもたちにとってよいことだということはわかりますが、非常勤が担当を持っても子どもたちは慣れるのでしょうか。かわいそうな気がします。

★子どもたちには正規職か否かは関係ありません。１つのクラスを作っていく仲間です。

　担当制を行うにあたり担当が不在の場合どうするかを決めておくことが大切です。副担当制にする、フリーを作っておく等様々なやり方が考えられますが、どのようなやり方でも子どもたちが戸惑わないようにきちんと決まっていることがポイントです。担当不在時の大人と子どもの動きを明確にしておき、情報を共有していくためにクラス内で連絡ノートを活用するなどの工夫も有効です。担当や立場を超え職員間でたくさん話をしましょう。子どもの微笑ましい姿を見かけたら、そっとその姿を共有するのも大人同士の関係づくりのきっかけになるかもしれませんね。

　なお、担当制をとらずに少人数保育を行っている園の取り組みについては、6 章アンケートの問３の⑨（p. 156）に載せています。

Column

【乳幼児突然死症候群（SIDS:Sudden Infant Death Syndrome）】と睡眠チェック表

　睡眠中に赤ちゃんが死亡する原因には乳幼児突然死症候群（SIDS）と言う病気のほか、窒息などによる事故があります。SIDS は、何の予兆や既往歴もないまま、乳幼児が突然死に至る原因のわからない病気で、窒息などの事故とは異なります。詳しくは厚生労働省ホームページを参照してください。

　SIDS の発生のピークは生後２か月から６か月に多く、２歳半頃までに発生します。SIDS を防ぐための一つとして、保育園では呼吸や顔色を確認するために、睡眠チェック表を使用しています。表の内容は各園で少しずつ異なり、チェックの方法も、資料の①のように５分ごとにサインを記入することや、②のように向きを矢印などで記入する方法などがあるようです。睡眠担当者が明確に分かるようタスキを付けるなどの工夫をしている園もあります。必要な内容と使いやすさを考えて表を作成し活用することで事故を未然に防ぎましょう。

　入園したての頃や体調のすぐれない時などは、特に注意が必要です。口腔内の食べ残しや布団周りに誤飲につながるようなものが落ちていないかなどに気を付けます。また、万が一睡眠中に異変が起きた場合、どのように対応をするのか、緊急時の対策マニュアルを作成し、園全体でシミュレーション訓練も必ず行っておきましょう。

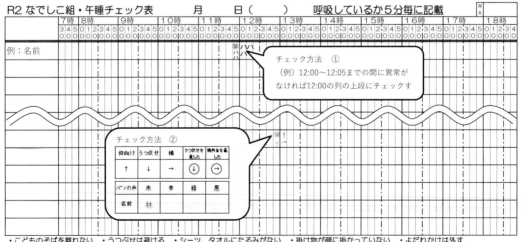

第3章

心の育ちを支える

　子どもの「自我」と「表象」（イメージする力）の発達が心を誕生させ、その中身を豊か
にしていきます。まねっこや見立て遊びが盛んになり、友だちと「いっしょに」の気持ち
が強くなる一方で、「じぶんで」と頑張る姿が増えてきます。かみつきなど子ども同士のぶ
つかり合いも増えてきます。本章では、その成長のプロセスを春夏秋冬の１年間の子ども
たちの成長物語として描き、心の育ちを支える保育について学んでいきます。

　1歳のこの時期は、身体の成長と同時に心が大きく育ちます。

　心が育つ基礎になるのが愛着（アタッチメント）です。これは、養育者など特定の他者との間に形成される情緒的な結びつきのことで、子どもが危機だと感じた時に起こる恐怖や不安から逃れるために特定の他者とくっつくことをいいます。このようなネガティブな感情と結びついている愛着ですが、言い換えると安心が子どもの心を育む土壌になるということです。子どもは、愛着対象の大人を安全基地として、不安や危機感を取り除いてもらったり和らげてもらったりしながら、外に目を向けて自分の要求を出したり相手の要求に応えたりするコミュニケーションを重ねて、心を育んでいきます。

　保育者は丁寧に子どもの指差しや仕草に応答し、一緒に同じものを見つめながら共感し、安心して自分を出せる雰囲気を作っていきましょう。

　ここでは、1年を通してよく見られる場面を中心に、心の育ちを追ってみたいと思います。

① 春　安心感を第一に

　4月、保育園は一番忙しい時期を迎えます。特に1歳児は進級児と新入園児を迎えどのクラスよりも大変なのではないでしょうか。

　進級児の中には担当保育者にこだわり、ほかの保育者を受け入れない姿があったり、生活の場面で不安になってしまったり、環境が変わった不安をぐずったり、怒ったり、泣いたり色々な方法で表現します。新入園児は初めて家庭から離れて過ごすた

め、親子の分離に加え、新しい環境に対する不安な気持ちをただただ泣くことで表現するのではないでしょうか。まさにパニックと言っていい状況のなかでも、保育者はゆったりと一人ひとりの思いを受け止めていくようにしましょう。「大丈夫だよ」「泣いてもいいよ」という、そんな気持ちで子どもが自分で遊び始める一歩を助けてあげられるといいですね。担任との安定した信頼関係を築くことが、これから始まる人間関係の第一歩になっていくのではないでしょうか。安心して過ごせることが、この時期には一番大切なことだと思います。そのためには環境づくりや保育者の動きなども丁寧に考えていけるといいですね。

できる限りの抱っこを……

　4月も2週目に入ると新入園児も少しずつ慣れてきて、園庭で探索を楽しむ子どもたちも見られ始めました。そんな中、目にとまったのがKちゃん。泣いているKちゃんの手を引いて歩いている担任は「抱っこしないよ、歩いて遊ぶよ」と声をかけていました。

　「どうしたの？抱っこなの？」とKちゃんに声をかけると、抱っこを求めてきたKちゃんですが、それを見て「もう抱っこしなくても遊べるんです」と担任。「わかったわかった。ちょっとだけね」と私はKちゃんに腕を伸ばしました。

　担任から離れ、静かな空間でしばらく抱っこしていると、だんだん泣き止み始めたKちゃん。そして足をバタバタさせておりたそうな雰囲気。「おりて遊ぶの？」と声をかけておろして手をつなぐと、とことこ歩き始めました。見つけた葉っぱに手を伸ばし、私の顔を見るので、すかさず「葉っぱだね」と応えるとそのことばにKちゃんがにっこり。笑顔が戻りました。

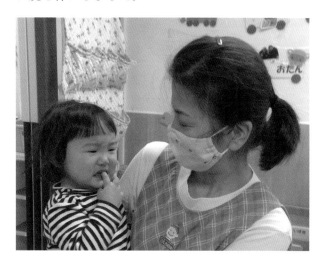

Point 「慣れ保育、一人ひとりを大切に」

　新入園児の慣れ方も一人ひとり違います。すぐに慣れたように遊び始める子や一日中といっていいほど泣き続ける子もいます。また、お部屋では機嫌よく遊び始めた子も園庭やホールなど環境が変わると不安で泣いてしまう姿もよく見かけます。保育者は「もう遊べるでしょ？」と思ってしまったり、ほかの子どもにも手をかけなくてはと思ったり、ずっと抱っこをしていられないこともありますね。4月に入園したばかりの1歳児は泣きの嵐と言ってもいいほど不安な気持ちを全身を使って泣くことで表現します。そんなときエピソードのように誰かが助けてくれたら、きっと担任ももう少し心に余裕が持てるのではないでしょうか？　不安な子どもにとっては「もう遊べる」ではなく「いいよ、抱っこしてあげるよ」と受け止めてもらえると「もう大丈夫」と安心し自分で納得して遊びだせるのです。子どもが自分から遊びだす、その一歩が子どもの成長につながっていくのだと思います。

進級した日、一番不安な午睡の時間

　初めて1歳クラスで過ごした日、食事が終わり、並べて敷いてある布団を見ると「抱っこ」と不安な表情を見せるRちゃん。普段は寝入るのが一番早く、布団に入ればトントンで眠っていましたが、この日は布団におろして毛布を掛けようとすると「ふとん、ふとん！」とパニックのように泣き始めてしまいました。抱っこしても涙は止まらず「ふとん、あっち」と繰り返します。「あっち」と指さすのは0歳児クラスの保育室のほうでした。指差すほうに抱っこで一緒に行ってみましたが、やはり泣き続けています。もしかして、0歳児クラスの時に使っていたバスタオルが欲しいのでは？と、それを持ってきて「これ、かける？」と聞くと「かける」と肩まですっぽりかぶって、安心して布団で眠ることができました。

Point　「短いことばに耳を傾けて」

　どうして子どもが不安になってしまっているのか一生懸命探ろうとしている保育者の姿が素敵なエピソードですね。慣れ親しんだクラスや生活の流れが変わってしまうことは幼児クラスの子どもにとっても不安なものです。特に1歳児にとっては不安も大きいと思います。そんな子どもの気持ちに寄り添い試行錯誤する中で見つけられたバスタオル。「ふとん」という単語の中に色々な思いが詰まっていたことも、持ち上がりの担任がいたからこそ理解できたことかもしれません。まだまだ自分の気持ちをことばで表現するのが難しいこの時期、保育者が子どもの短いことばの中に、どんな思いが詰まっているかを汲み取り、返していくことが子どもの心の成長にはとても大切なことだと思います。

食べてみようかな……

　入園式も終わり、慣れ保育初日。母と離れる時にギャーと泣いていたTくんは、母の姿が見えなくなり、電車の玩具が目に入るとケロッと泣き止みました。進級児が手で電車を走らせているのをじっと見てから同じようにTくんも電車をかごから選び、にっこり。黄色の電車がとても気に入った様子です。食事の時間になったものの椅子には座らず抱っこを求めます。抱っこで周りの様子を伺っていて、時々、食事に手を伸ばすので「食べる？」と聞いて介助しても、顔をそむけてしまいます。「食べたくなったら食べてね」と声をかけながら様子を見ていると、他児が食べ終わり席を立つと同時にTくんもごちそうさまと手を合わせるので、そのタイミングで終わりにしました。「まだ警戒しているんだよね」と保育者同士でTくんのペースを大事にしようと確認しました。次の日には一口食べ、3日目にはすっかり安心した様子で、手づかみや食具を使い食事が進むようになりました。

Point 「保護者とのコミュニケーションを大切に」

　新しく保育園に入園した子どもたちにとって、とても大切な慣れ保育。初めての生活に子どもだけでなく、保護者もドキドキです。Tくんも大好きなお母さんと別れて泣いてしまいました。Tくんのようにすぐに好きな遊びを見つけられる子もいれば、1歳児の慣れ保育は人見知りの時期と重なるため泣いてしまい、なかなか園生活に慣れない子もいます。「どんな遊びが好きなのかな？」「ご飯はどれくらい食べるのかな？」と保育者が子どもの事を知るためには、実際に関わるだけでなく、保護者から様子を聞くことも大切です。まずは保護者が安心して保育者に子どもの様子、生活のこと（食事や睡眠等）を話せるようになることで、「保育園は楽しい場所なんだ」と子どもが感じられるようにしていきたいですね。

外は雨

　外遊びが大好きなMちゃんは毎朝窓の近くへ行って担任の方を見て「おそといこーねー」と言って早く外に行きたいアピールをしていました。その日は雨、いつも通り「おそといこーねー」と言うMちゃんに、保育者が「今日は雨がザーザーね、お外に行ったら濡れちゃうね、今日はお部屋で遊ぼう

ね」と話すと「やーだー。おそとー」と泣きだしてしまいました。少し窓を開けて雨に触れてみると、「びちょびちょー」と濡れてしまうことが伝わった様子。外遊びできず残念な気持ちを受け止め、その日は園内を探検に出かけ楽しみました。その後何日か経ってまた雨の日、「あめねー、おそといけないねー」とMちゃん。保育者が「そうだねー、残念だけどお部屋で楽しいことしようねー」と言うと、「ねー」とMちゃんは大きくうなずいていました。

Point 「共感して、寄り添って」

　Mちゃんと保育者とのやり取りがほっこりするエピソードですね。

　外遊びが大好きな子どもたちにとっては、雨の日は少し残念な気持ちになってしまいます。幼児クラスになると雨が降っている＝外で遊べないとすぐにイメージできますが、1歳児の子にとってはまだ難しいことかもしれません。ことばで伝えてもなかなか理解できずMちゃんのようにごねてしまう姿も多いのではないでしょうか。外に行きたいMちゃんの気持ちに寄り添いながら、窓を開け直接雨に触れたことでMちゃんにも「外に行けない」ことがイメージできました。

　大切にしていきたいのは子どもの気持ちに寄り添い、共感しながら伝えていったり感じられたりできるようにしていくことです。目で見て、肌で感じて、それに合ったことばがけや、関わりをしていくことで子どもの心も成長していくのだと思います。

　時には傘をさしたり、レインコートを着たりして、雨の日のお外を楽しむのもいいかもしれませんね。

② 夏　水の魅力

　春を過ぎると子どもたちは、保育者や保育室にも慣れ、園での生活の様子（食事をすることや午睡をすること）もわかってきて安心して生活できるようになってきます。

　普段から、いつまでも手を洗っていたり、気が付くと水道の水を出して洋服を濡らしたりしている子どもにとって、「水」は心地よさや興味を刺激する大事な環境の一つとなります。

　水遊びをしている子どもたちはさまざまな表情を見せてくれます。

　その表情から心を躍らせている様子、何かを感じて発見した喜び、思いがけず水がかかって嫌だなと思う気持ち、友だちの遊ぶ様子を見て楽しいと感じる心を保育者が汲み取り共感してあげましょう。そして、その行動や気持ちをことばにして、子どもの中にたくさんためてあげることが大切です。

　また、感覚は脳の栄養素と言われるように、夏の遊びの中でしか味わえない感覚を十分皮膚から感じることも大切です。

　近年の酷暑という気候や水の事故など、保育者は安全面に十分注意して、子どもたちは水遊びという経験を重ねていけるようにしましょう。

ちょっとイヤだな。水遊び

　子どもたちが待ちに待っていた水遊び。

　ニコニコ笑顔でテラスの水遊び場に行こうとする子もいる中、水遊びをしたくないと泣く子もいます。

　テラスの方を指差して、「ほら、楽しそうだね」「気持ちいいよ」と声をかけても様子を見せても首を横に振り、保育者の体にしっかり足を巻き付けて降りようとしない子、部屋のおもちゃから離れない子……。

　何が嫌なのかな？　と見ていると、子どもたちの声や水しぶきなど、にぎやかな様子が怖そうだったり、濡れていてざらざらした人工芝の感触が嫌だったりするようでした。そこで、テラスの入り口までバケツを持ってきてみると、水に触ってはニコニコしていました。

　その後も、水しぶきがかからないところで遊べるようにしていくと、後半にはジョウロで水を流したり、たらいの中の水を手ではねさせたりして遊ぶまでに慣れてきました。

> **Point**　「気持ちをまず受け止めて」

　普段の生活は慣れてきていても、「初めて経験する」という場面は度々出てきます。

　水遊びもその一つで、初めての環境に置かれた子どもの気持ちとはどうなのかを考えながら、工夫していますね。どうしたら楽しめるのか、水の気持ち良さを経験として積んでいけるか、どんな場面でも保育者の関わり方がとても大事です。

"水いたずら"を十分に

　子どもたちは水が大好きです。水道の蛇口やホースから水を出して、肌で感触を味わいながら遊んでいます。ある日園庭では、3歳児の子どもが蛇口をあけてホースを持ち、園庭に水をかけて遊んでいました。3歳児がその場から離れると少し離れた場所で見てたAちゃんが近づいてホースを持ち、ホースの先端から水が出てくると、「あ！」と声を出して、嬉しそうにしています。しばらくはホースを振り回して水遊びを楽しんでいると、近くにミストのホースがあることに気付きました。あちこちの穴から出てくる水を足で踏んだり、手で触ってみたり「わー！」と声をあげて楽しんでいます。そばに来たBちゃんと目が合うとニヤッと笑い合っていました。

　別の場所ではCちゃんがウォータージャグの前にしゃがみ込んでいました。保育者が、ジャグのレバーをひねって水を出して見せると、手に水が当たる感触をずっと楽しんでいました。

　それからは、止めては出し……を繰り返したり、バケツに入れたり思う存分に遊び、水がなくなると不思議そうな顔。「お水なくなっちゃったのね」と言ってジャグの中に水を補充してあげると、また嬉しそうに遊びだすのでした。たまに部屋の水道に行っては、同じように水を出したり、止めたり遊び始めることもありますが、このジャグで存分に遊んだ経験をしてからは、「お水で遊ぶのはテラスでやろうね」と水遊びをしているところを指差して言うと「そうだった！」とばかりに納得するCちゃんでした。

> **Point**　「やりたい気持ちをどのような形で叶えるか」

　水という素材はこの頃の子どもにとって、本当に魅力的なものです。

　今やってみたい気持ちを十分に理解し、その行動はどこでならできるかを考え、環境を整えていくことが大切です。ホースやジャグを用意することで、「水を出したり止めたりする・手に水が当たる感触を楽しむ」そんな活動が保障できますね。

　また、様々な経験を積み重ねる中で、「今はダメ・ここではダメ」ということも少しずつ知らせていくようにしましょう。

氷！　冷たいね

　氷を使ってお絵描きにチャレンジしました。製氷皿で凍らせた細長い氷を使い、厚手の画用紙に描いていきます。初めは「つめたーい」と触るのを嫌がっていた子どもたちも、そのうちに氷を握ってじっくりと冷たさを感じることができるようになりました。自分の手の中で溶けていく感覚が気持ちよかったようです。転がしたり、握って描いたりすると線になることがわかり、ぐるぐるとなぐり描きすることに夢中になっていました。溶けて小さくなると「小さくなった」と気付く子どももいました。

Point　「様々な素材に触れる機会を」

　氷を持ったり触ったりしながら、冷たいことを感じていったのでしょう。氷が細長く握りやすいこともあり、溶けて線のように描けることがわかると、ぐるぐるとなぐり描きをして感触や感覚で遊ぶことを楽しめたようでした。1歳児は様々な指の動き、使い方を獲得していきます。色々な素材を使って、楽しみながら、指先を巧みにしていく活動を取り入れていくことも大切です。

③　秋　「自分で…」を受け止め、支える

　1歳半を過ぎるころから、急にイヤイヤが多くなっていきます。
何でも自分でやりたい…でも、うまくできない！
あれがしたい…でも、やらせてもらえなかった！
ホントはこう言いたいのに…うまく言えない！

　これは『なんでも自分でやりたい！』気持ちの表れ、成長の証です。例えば、日常生活の中で洋服の着替え、食事、靴や靴下の脱ぎ履きなど、挑戦して『できた！』という感動と体験は、子どもの自立心を育てる基礎になります。

　やり始めはうまくいかなくても、繰り返し行うことで、少しずつ上達していきます。

　ついつい大人は、子どもが上手くできず時間がかかったりすると、手を出してしまいがちですね。子どもが一人ではできなくて、手伝いを求めたときは、やり方を教えてあげながら手伝ってあげましょう。また、一度できるともうできると思いこんでしまいがちですが、子どもは一度できたことでも次はできないという場合がたくさんあります。あまり先を急がず、『できた』『できない』を繰り返しながら『できた』経験を増やしていきましょう。

　ただし、危険なものに手を出したり、危ないことをしようとしたりしたときは、きっぱりとやめさせ、なぜしてはいけいけないのか、その理由をわかりやすくきちんと説明するようにしましょう。

ひとりで歩きたい

　Mちゃんは1歳クラスに上がってやっと歩行が安定し、近隣散歩に行けるようになりました。「友だちと手をつなごうね」と声をかけたところ、Mちゃんは手をつなぐのを嫌がっていました。いつもは園庭で自由に行きたい方向に歩いていき、蟻や花を見て探索を楽しんでいるので、手をつなぐと自由がなくなると思ったのかもしれません。その後、どうするか様子を見ていると、Mちゃんが周りをキョロキョロと見渡し始めました。Mちゃんには、周りの友だちが次々と友だち同士で手を繋ぐ様子が目に入り、はっとして保育者の方に近づいてきました。手を差し出してきたので、「先生と手をつなごう」と声をかけると、納得して歩き始めました。

Point　「手つなぎのルール」

　1歳児にとって、初めての手つなぎは『歩きたい気持ち』『好きな場所に行きたい気持ち』を束縛されるように感じるのか、嫌がることがあります。どうして手をつなぐのか、車が走っているので危険だということ、歩く時の簡単なルールなどを知らせながら、大好きな保育者や友だちと手をつないで身近な場所（園内や近隣の公園など）から始めてみてはいかがでしょう。

　秋の自然に五感を働かせ、探索活動を楽しむ散歩が、たくさんできるといいですね。

靴下はけるよ

Sちゃんは、園庭に出るために自分の靴下を探し、履こうとしました。足の指先を靴下に入れようとしますが、うまくいきません。何度も試してやっと指先だけが入りましたが、〳〵ませんでした。とうとうSちゃんは怒り出し、「うぅー！」と唸りました。保育者が「一緒にやろう」と両手を使い靴下を広げる〳〵きた！」と笑顔で喜んでいました。

Point 「やってみようを見守る」

1歳児クラスになったばかりの春のころは、身の回りのことは保育者がすべて援助していました。しかし、だんだん自分でという気持ちが芽生え、月齢の高い子どもたちを見て、真似をしながらやり始めるようになります。何回も試し、たとえうまくいかなくても、またやってみようという意欲が「自分で」の気持ちにつながっていくのです。子ども自身がやろうとする姿を見たら、優しく見守りましょう。一人ひとりのタイミングに合わせた援助やことばがけを行い、優しく見守っていくようにしていきましょう。

自分で!!

　三輪車にやっと乗れるようになったKくん。ハンドルを切
換ができないため、まっすぐ進んだり、後ろに戻ったりしな
ことを喜んでいました。「Kくん、運転手さんみたいに手でハ
よ」と軽くハンドルに手を添えると、「自分で！」と強い口
す。Kくんが自分で運転している感覚を感じられるように
の後数回でハンドル操作ができるようになりました。「ひ
しそうにこちらを見ていました。

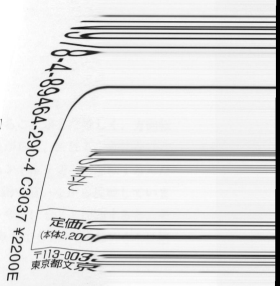

Point 「『自分でやりたい』を大切に……」

　Kくんが一人でできるようになった！と自信たっぷり喜んでいる姿が伝わってきま
すね。最終的にKくんが達成感や満足感を感じられているのは、Kくんの「自分で！」
という気持ちを大切に考えながら援助しているからでしょう。保育者は教えようとし
てハンドルを握ったのではなく、軽く手を添えてそっと触りながら援助するようにし
ています。

　この時期は自分でやりたい気持ちが強くなり、やりたい気持ちがあっても思うよう
にできないという葛藤を経験することが多く、生活や遊びの中で大人が手伝おうとす
ることを拒む姿が多くみられます。そんな時にあれこれ教えて手伝っていくのではな
く、子ども自身のやってみたい気持ちや、どうしたらできるのかなといった主体的な
行動や思考に寄り添うことが大切なのではないでしょうか。時間はかかりますが、さ
りげなく援助しながらじっくりそばで見守ることが子どもの力を伸ばしていくことに
繋がっていきます。保育者が気持ちや時間にゆとりをもつことを大切にして、自分で
やってみたいという心に寄り添っていきたいですね。

2,420円
(税10%)

補充カード

取次・書店印

注文数
部

ひとなる書房 FAX.

書名　新1歳児保育の実際
　　　──歳から3歳未満の育ちの姿と保育の手立て

著者　東京都公立保育園研究会 編

ISBN978-4-89464-290-4 C3037 ¥2200E

定価2,420円
(本体2,200円+税10%)

〒113-0033
東京都文京区本

9784894

みて！　みてて！

　最近になって、ジャンプができるようになったKくん。園庭の階段で
した巧技台でも「ジャン、ジャン！」と言いながらジャンプを楽しんでい
ていたMちゃん。Mちゃんはまだ両足でのジャンプはなかなかできず、片
く状態がしばらく続いていましたが、「みてて！」と言いながら挑戦してい

　クラスでは、いつの間にか両足でジャンプできる子が増えてきました。他に
スルジムや雲梯でのぶら下がりには興味を示して、「ブーランする」と言っては、
り「みて！」と得意気な顔をして見せてくれるのです。

Point　「ドキドキするけれど見守って」

　個人差はありますが、1歳6か月くらいになると、ほとんどの子がひとりで歩くよう
になり、2歳を過ぎた頃には歩き方もしっかりとしてきます。走ったり、跳んだり、
階段を登ったり降りたりと活発に動き回るようになり、遊びや日常生活を通じて運動
能力が更に発達してきます。この時期に積極的に身体を動かす機会を作ることで、運
動をコントロールする神経が発達し、筋肉や関節の動きがよりスムーズになり、バラ
ンスをとることも上手になります。

　大人にとってはハラハラしてしまう行動も増えてきますが、この時期の成長として
は大切な活動といえます。事故や怪我が起こらないようにしながら、おおらかな気持
ちで見守っていくようにしましょう。

あ！　あ！

　園庭で遊び、保育室に戻ってきたKくんは自ら水道へ向かい、手を洗おうとしました。いつも使う石鹸ポンプが少し高い所にあり、届かないことに気づきました。Kくんは保育者の元へ行き、トントンと保育者の背中を叩きながら水道の方を指差し、「あ！　あ！」と知らせ、取ってもらうことができました。「手を洗いたかったのね」と声をかけると、袖をまくり、水を出し、石鹸をつけて……と上手に手を洗っていました。

Point　「伝えたい気持ちをキャッチする」

　「あ！　あ！」という子どもの気持ちが保育者に伝わっています。してほしいことをことば・身振りや仕草で一生懸命伝えようとする姿を、保育者がタイミングよく感じ取り、石鹸をとってあげたことで、伝わった安心感ややりたいことができる喜びを感じているのでしょう。

　この場面では子どものやる気を大切にして、その子の要求に応えていますね。さりげなく援助し、子どものやりたい気持ちを見守る保育者の姿が目に浮かびます。

　日々の生活の中で、「手を洗おうね」と声を掛け、「袖をまくろうね」「石鹸つけるよ」などと一つひとつの行動にことばを添えてあげることが大切です。それが発語を促し、子どもの行動とことばが一致してくるのです。手洗いのみならず様々な生活や遊びの中で実践することができますね。

まねっこ　楽しい♪

　ある日の園庭で、おもちゃが入っている大きな箱の裏にかくれてＳちゃんとＹちゃんがしゃがんで顔を見合わせながら、何やら楽しそう。なにをしているのかな～？とそーっと近づいてみると、二人でニコニコしながら「イ～チ。ニ～イ。サ～ン。ゴ～。ハ～チ……も～いいか～い。も～い～よ～」を繰り返し、オニのいない「かくれんぼ」を楽しんでいました。

Point 「まねっこしたい時期の環境を整えて」

　この時期の子どもは、身の回りにある様々な環境を取り入れた「まねっこ」を中心とした遊びを楽しむようになります。ことばの音の面白さや繰り返しのやり取りの面白さを「まねっこ」する中で、生活に関わるいろいろなものを習得し、成長していきます。また、関心をもって人の行動を「見る」ことが「模倣」へと移行し、やがて、ことばの習得によってことばによるやりとりへと進んでいきます。ことばが未熟な１歳児にとって、模倣行為はコミュニケーションとしての大事な役割も持っています。誰かのやっていることを真似て、自分の五感をフルに使って確かめ、安全であることはもちろん、楽しさや喜びを表現することが、この年齢らしい行動といえるでしょう。
　保育者は、いろいろなものに触れる機会を子どもが持てるように配慮し、音をきいたり、匂いに気づいたり、子どもが感じたことの一つひとつを大切に受け止めながら共感していくことが大切ですね。

④ 冬　人とのかかわりを豊かに

　この頃になると、一語文から二語文の意味のあることばを使うようになります。はじめは大人を相手に「ちょうだい」「ありがとう」「おいしいね」「もぐもぐ」といった、簡単なやりとりですが、徐々に自ら周りにいる友だちへ関心を示し、大人を仲立ちとした、友だちとのやり取りをしていきます。そして身の回りの大人がしていることをまねて、再現する遊びを繰り返しながら見立て・つもり遊びが見られるようになります。

　だんだん自分の要求も強くなっていき、子ども同士の主張のぶつかり合いも見られるようになってきます。できるだけ適切な空間、玩具の数を用意し、子どもの気持ちを汲み取る丁寧なやり取りをして、人との関わりの心地よさや安心感を育てていきましょう。

　指差しをしながらコミュニケーションを図り、他者（親や保育者）と興味関心を共有する経験を積み重ねていくことがとても大事です。

　私たちは、その子どもが能動的に世界に関わろうとする姿に、丁寧に心を寄せて応答していくことが求められます。

もうすぐ誕生日

　2歳の誕生日が近づいてきた子どもに「明日お誕生日だね。何歳になるの？」と問いか
けると、「もうすぐ2歳」という答えが返ってきました。「もうすぐ？」と聞くとニコニコ
しています。大人が話していることばを覚え、まねしたのでしょう。

　他にも「ケーキ食べるの」と言ったり、突然誕生日会の時にクラスで歌っている歌を歌
いだす姿が見られました。

Point 「経験とことばがぴったり合うとき」

　入園した頃は、友だちの存在などあまり関心のなかった子どもたち。一人ひとりが自
分の好きな遊びに夢中になっていた時期を経て、少しずつ視野が広がり、友だちや身近
な大人の存在を気にするようになっていきます。模倣するのは遊びだけでなく、またこ
とばも同様で、大人が発していることばを聞き、真似して使うようになっていきます。

　2歳が近づく頃には、上のエピソードのように、「誕生日」というキーワードに対し
て頭の中に浮かんだものをパズルのように組み合わせて応用し、ことばとして発する
ことができるようになります。これまでに聞いたことばを、その時の場面や状況に合
わせて使うことができるようになっていくのです。それが「ケーキ」であったり、お
誕生日の時に歌っている歌であったり、自分が経験してきた記憶の引き出しから、場
面に応じたものを取り出して使えるようになります。

さみしい？

　夕方の時間、おままごとコーナーでメルちゃんのお人形を抱っこしながら、反対の手には手提げ袋を下げたＭちゃんがお母さんになりきって遊んでいました。保育者が「どこへお買い物に行ってきたの？」と尋ねると、「ほら、いっぱいかってきたの」と手提げ袋の中を見せてくれました。「本当だね、フルーツがいっぱいだね」と言うと「あげる」と言い、「もうかえるね、バイバイ」と手を振って帰ろうとするＭちゃん。保育者も「バイバイ」と手を振ると、Ｍちゃんは振り返りながら「さみしい？」と聞いてきました。「うん、Ｍちゃんが帰ると寂しいよ」と泣く真似をすると、Ｍちゃんは満足そうにニヤニヤしながら何度も「さみしい？」と保育者に繰り返し尋ねてきます。少し時間が経ってからもまた「さみしい？」と尋ね、何度もこの会話が繰り返された１日でした。

Point 「保育者との信頼関係から覚えることば」

　　Ｍちゃんは２歳の誕生日を迎え、どんどんことばが増えています。自分よりも月齢の低い子との会話は、まだほとんど成り立ちません。そのため、つもり遊びの時など、もっぱら保育者とのやりとりが中心です。大人との簡単なことばのやりとりを楽しむなかで、ことばの裏側にある意味や感情に気付くようになっています。大人が日常の中で使っている「寂しい」ということばを、自分と保育者が離れる時に使い、相手の気持ちをことばで確認しています。感情とことばが一致していく場面です。

　　自分への愛情が感じられるそのことばが心地よく、何度も何度も愛情を確かめるように繰り返し尋ねていますね。また、大人もそのことばを受け止め、子どもへの愛情をことばで返していくことで、感情が豊かになり信頼関係を積み重ねていきます。日々繰り返されることばのやりとりから子どもは、愛情を感じ取り豊かな感情を育み、保育者との信頼関係を更に深めていくのでしょう。

やってあげるね

　お昼ご飯の時間が近づきました。「そろそろお部屋に戻ろうかな」と保育者が園庭で遊ぶ子ども達を誘いながら、靴を脱ぐのを手伝っていました。Sちゃんも、それに気づき、部屋に戻ろうと靴箱の方へ走っていったとき、友だちが使っていたフープを踏んで足が引っ掛かり転倒してしまいました。Sちゃんは思わず泣きだし、大きな泣き声と共に鼻汁も出てきてしまいました。保育者が「あ！」と思い駆け寄ろうとした時。ちょうど同じころ、靴を脱ごうと靴箱のところにいたYちゃん。その様子を見て近くにあったティッシュを1枚さっと取り「はい（拭いてあげる）」と鼻を拭き始めました。するとその様子を見ていたRちゃんは「ん！（ここ）」とまだ汚れているところをYちゃんに教えてあげました。Sちゃんは、そんな二人のやさしさに触れて、涙は止まり、保育者が「びっくりしたね。痛かったね。もう大丈夫よ」と声をかけるころには、すっかり笑顔が戻っていました。

Point　「思いやりの根っこが育つ時」

　だんだん世界が広がり、対大人との関係からそばにいるお友だちにも興味や関心が芽生えてきます。そして、それまでに自分がその時々にしてもらったことを、同じように友だちにしてみる姿が現れてきます。なんとも微笑ましい場面ですね。

　優しい思いやりの心の根っこがもうでき上がっているのを感じます。

　保育者や保護者、周りの大人は常にゆったり優しい気持ちで寄り添っていきたいですね。

ボクも！　ワタシも！

　Jくんは、初めて見た新幹線のおもちゃを見つけて、手に取り嬉しくてニコニコ。「みて〜」と、保育者のところへ見せに来てくれました。するとそこに、さっと横から手が伸びてきました。その新幹線を見てIちゃんも欲しくなったようで、取り合いが始まってしまいました……。

Point 「それぞれの思いに寄り添って」

　自分の気持ちがはっきりしてきて、主張が出てくると、一緒に過ごす友だちとのこのようなやりとりが、あちらこちらで見られようになります。

　この時期、このやりとりは、子どもの成長の証であり、自分や友だちの気持ちに気付き、心地良い関わりを学んでいく重要な機会になります。大きな怪我につながらないように見守りながらも、「ほしいのね。使いたいのね」と子どもの気持ちをしっかりと受け止め、「（相手は）使いたいんだって。ほしいって言ってるね」と相手の気持ちを知らせていくようにしましょう。一方的に「さっきからずっと使っていたから貸してあげて」「順番に使いましょう」と、大人の論理から正しいことを伝えて、「貸して」「いいよ」というやりとりの仕方を教えるのではなく、相手にも思いがあることに気付くように関わっていきましょう。そのような経験を通して相手を思いやる心が育っていきます。そしてどちらの子も納得し満足する方法を探ってあげましょう。もし、うまくいかなくても、満足できない気持ち（イヤだ、残念）にこそ、ことばに置き換えて寄り添ってあげてください。

　例えば「使いたかったのに、残念だね……。もう一つあるかな〜って探しに行こうか」と歌でも歌いながら歩き回るなど、楽しく順番を待って使うことを知らせられるといいですね。

子どもたちはあんなこと・こんなこと、色々な経験を通し、五感を働かせて……

大人は優しい視線で見守って……
子どもたちと同じ方向を見つめて……

一緒に喜んだり、悲しんだり、時にはことばや手を添えて心を育んでいきましょう。
私たち大人も、悩んだり迷ったりしながら、子どもたちと同じように、
保育者としての心を育んでいきましょう。

コラム【噛みつき】

「先生！　今日もWくんが噛んだんです。登園していきなり、Kくんは何もしていないのに……」早番の先生が、噛まれてしまったKくんと一緒にWくんを事務所に連れてきました。Wくんには3歳になるとても元気なお兄ちゃんがいます。登園の時のお母さんはとても忙しそうで、「必死でなんとか連れてきている」感じがします。そのうえWくんは、朝機嫌が悪いことも多く、廊下でひっくり返って泣いている姿をしばしば見かけました。そんな場面を見かけて、Wくんを事務所に連れてきたことをきっかけに、毎朝少しの時間、事務所で過ごすことが日課になりました。

　事務所で過ごすWくんは、終始穏やかで、次第に顔を見ると手を伸ばし、抱っこしてほしいと要求するような仕草を見せるようになりました。

　このような保育を続ける一方で、クラスの中では、噛んだ理由は必ずあるはずだから、未然に防ぐにはどうしたらよいか。噛んでしまった子のことを「この子がね……」と子どもの前で話さないようにしようなどの話し合いを進めていきました。徐々にですが、日を追うごとに回数が減りWくんの噛みつく行為は落ち着いてきました。

噛んでしまった心の手当を丁寧に

　自我が芽生え、要求がはっきりしてくるのに、まだそれをことばでは伝えられないこの時期、噛んだりひっかいたり、物を投げたりなど激しい行動で表現する姿がみられてくることがありますね。そのような場面に遭遇した時、保育者は咄嗟に「痛かったね……」と噛まれた子の気持ちに寄り添うことを優先しがちです。すぐに冷やすなど、手当をしてあげながら……。でも同時に、噛んでしまった子の気持ちにもしっかり寄り添っていきたいものです。噛みついた子がその行為をしてしまうまでの気持ちを汲み取りことばにして受け止め、その上で「でもね、噛みつかないで〇〇って言おうね」と丁寧に繰り返し伝えていくようにしましょう。待っていたら、貸してもらえて嬉しかった、持っているものを渡して喜んでもらえた、そのようなやり取りが楽しいと感じる経験を丁寧に重ね、思いをことばで表そうとする気持ちを育てていきましょう。ひっかきも、同じですね。

　そしてエピソードにあるように、できるだけ未然に防ぐよう、その都度振り返り手立てを考えていきましょう。少人数で遊んだり、生活したり落ちついた静かな環境作りを目指したり、個々に合わせた対応ができるよう細やかに話し合いができたりする、よいチームワークを構築していきましょう。

　加えて、保護者会やクラスだよりなどで、この時期の成長過程でありこの年齢ではよく見られる姿であることや、個人差はあるが成長と共に収まってくることがほとんどであること。そして大きな怪我につながらないように爪を切ってもらうことや起きてしまった時の対応についてなどは、あらかじめ家庭と連携を取り共通認識が持てるようにしておくことが大事です。

　噛みつきの対応はとても奥が深いですね。「ことばの表出」だけでなく「安心して過ごせる空間」「大人の温かいまなざしと理解」など色々な要素が絡み合っているものです。困ったなと感じる時こそ、その子の心に寄り添ってあげられるとよいのではないでしょうか。

Column

第 4 章

遊びと環境

　本章は、好奇心と意欲に溢れ、主体者として歩み出した子どもの成長を支える遊びと環境がテーマです。多様な遊びと遊びかた、遊びを豊かにする環境の工夫が紙面いっぱいに紹介されています。子どもがやってみたいと思う遊びと環境づくりについて、具体的な子どもの姿を通して学ぶことができます。明日の保育に役立つ情報が満載です。

　子どもは遊びの中で様々な経験を重ね、身体機能や知的発達、人間関係などを培っていきます。子どもたちの "あれしたい" "こうやってみたい" という思いを汲み取り、夢中になって遊ぶことができるような援助や環境構成が大切です。主体的に遊びを選び、試行錯誤していくことができる『環境』を整えていくことが、私たち保育者にとって、とても重要な役割になってくるのです。

　この章では『環境』ということを意識しながら、大きく「室内遊び」「戸外遊び」に分け、遊びやエピソードを紹介していきたいと思います。

① 室内遊び

　保育室の広さや作りは変えることはできません。1歳児の保育室は、遊び、食事、睡眠が全て同じ空間であるという園も少なくないでしょう。しかしながら、その中でも、職員間で話し合い、どうしたら子どもたちが好きな遊びを落ち着いて楽しむことができるか、安心して過ごしていけるか工夫していかなければなりません。時には、棚やついたてなどを使って、コーナーを設定し遊びを保障してあげることも必要です。また、必要なものの数や量、種類なども考慮していかなければなりません。そして何より、『子どもが求めているものは何か』を読み取る保育者自身が、重要な環境であることも忘れてはいけません。

　ここからは、毎日の保育の中で見かける、1歳児にとって大切な、ままごとやごっこ遊び、手指を使った遊び、絵本を通しての遊び、また、室内でも体を動かすことができる遊びをいくつか紹介していきます。また、すぐに保育に活かせるふれあい遊びものせていますのでご活用ください。

1．ままごと・ごっこ遊び

　環境が整っていると、子どもたちは思い思いにその子なりの遊びを楽しみます。保育者は、道具や、役柄になるため身に着けるもの、食べ物の具材となるものなどを子どもが自分で選んで遊べるように環境を構成します。また、空間や動線、素材の大きさ、量、色、形など様々な心配りが求められます。保育者の思いや子どもへの願いを込めて物的な環境を整えましょう（p. 58「安全」の項参照）。

　人的な環境としては、子どもの遊びを見守り、トラブルを仲介するなどの他に、仲間として加わり、時には遊びをリードしながら、生活の場面を再現するなかで子どものごっこ遊びやつもり遊びを広げ豊かにしていくことも大切です。

「バスでお出かけ」

　ままごとコーナーの横並びの椅子にM、A、Jが座っています。Mが「バスがはっしゃします」と言うと、Aはお隣のJを見て「まって」と立ち上がりました。Jがジュースを持っているのに気付いたようです。「Aちゃんもジュース」と言うとジュースを持ってきました。3人が椅子に座り、いよいよバスの出発です。バスの中では、M「Mちゃんはおかし」、J「Jちゃんはぶどうジュース」、A「Aちゃんはジュース」と持っていたものを飲んだり食べたりしながら話がはずみます。そのうちMは、「おかしあげる」とJとAに自分の持っているお菓子を渡すと「おいしいね」と3人で顔を見合わせて笑っていました。

Point 「同じってうれしいね」

　Aは自分が何も持っていなかったことに気が付いてジュースを取りに行きました。「みんなと一緒」が大好きなこの時期、まさに「おんなじ」と言うことが「Aちゃん、ジュース」と言ったことばから読み取れます。また、Mは家族と出かけたときに、経験したことを再現し友だちへ自分の持っているお菓子を配っています。大人に遊んでもらいたがる姿がある一方で周囲の友だちへの関心も高まってくる時期です。3人でジュースやお菓子を食べる喜びが、その表情から伝わってきました。見ている保育者も仲間に入りたいな、と思うほどほっこりする一場面でした。

「ゆっくりお散歩」

　赤ちゃん人形をL字型マルチパーツに乗せて（ベビーカーに見立てている）お散歩ごっこを楽しんでいると勢いで人形が落ちてしまいました。保育者が「赤ちゃん痛かったね、大丈夫？」と人形を抱き上げ頭や足をさすっているとその様子を見て保育者に近寄り覗き込んで心配そうにしています。「痛かったみたいだから、いい子いい子してくれる？」と声をかけるとやさしくなでる姿がありました。保育者が「治ったみたい、良かったね」と言うと安心した表情になり、再びマルチパーツに赤ちゃん人形を乗せて、今度は落とさないようにゆっくりと押して歩き始めました。

「わたしの赤ちゃん」

　赤ちゃん人形を座らせて、ご飯（チェーリングやフェルトの素材で作ったもの）を食べさせたり横に抱きながらミルク（白い色水の入ったペットボトル）を飲ませたり、赤ちゃんのお世話を一人でじっくり楽しんでいます。ままごとコーナーから出るときはバンダナで赤ちゃんをくるみ保育者に「おんぶして」と頼む姿がありました。おんぶしてもらうとにっこりして手を振り出かけていきます。

Point 「大人が遊びのモデルになって」

　　この年齢の子ども達は、大人のやっていることをよく見て模倣や真似をします。保育者やお父さん、お母さんなどの姿を再現して遊んでいることがたくさんあります。また、見立て遊びも盛んになるので子どもがイメージしやすい素材や玩具を揃えたいものです。
　　好きな遊びに集中している時は、見守り一人遊びを十分にさせましょう。一人遊びをじっくりと楽しんだ満足感は心の栄養になり集中力も育まれていきます。そして、子どもからのＳＯＳがあった場合は、その要求に応えます。先の２つのエピソードの場合は、赤ちゃんが

ベビーカーから落ちたアクシデントや自分でおんぶをしたいけれど難しいといったことに対して側にいる大人が状況に合ったことばをかけながら援助しています。

　保育者は一人ひとりの子どもの経験値に合わせて見立て遊びやごっこ遊びの世界を広げていくことがポイントです。大人が子どもの一人となって一緒に遊び、モデルとして遊びを進めていくこともあります。例えば、お世話遊びでは、赤ちゃんをあやしてそっと寝かしつけたり、お風呂に入れる一連の流れをやって見せたりします。食事の遊びでは「食べる」だけでなく食材を洗う、切る、調理する、盛り付ける、そして、食べ終わったら食器などを洗い、拭いて片づけるまでを一緒に楽しむなど、朝目覚めてから夜眠るまでの日常のほんの小さな一場面で良いので丁寧に再現して見せると子どもたちの遊びも広がっていくことでしょう。

２．手指を使った遊び

　乳児期は、握る、たたく、振る、引っ張る、揃える、まわす、ひねる、つまむ、ちぎる、通すなど、手先・指先を使った遊びや制作を経験することで、指先の発達が促され、食事の時のスプーンの持ち方が安定したり、着脱を自分でやってみようとしたり、身の回りのことへの自発的な行動がみられるようになります。経験を重ね、自分でできることへの喜びを味わい自立へと繋がっていきます。

様々な手指を使った遊び

穴落とし

洗濯ばさみ

ボタン・スナップ

ひも通し

新聞紙やぶり

積み木

「びりびり楽しいな」

　雨の日が続く時期など、なかなか外に出られない日にホールへ行き大胆に新聞やぶりをして遊びました。この日は、後片付けが大変とは思わず、保育者も童心に返って思い切り遊びました。初めは、広いホールに座り込んで動きも少なく、少しずつ新聞を破っていた子どもたちでしたが、そのうち保育者が「びりびり〜」と言いながら、大きく広げた新聞紙を、思い切り破くと、目を輝かせ同じように"やりたい"と、手をいっぱい広げて破こうとします。そして、びりびり破ける音と破ける時の指先の感覚に驚きと喜びの声を上げていました。ホールいっぱいに散らばった新聞紙を集めて宙に舞わせたり、「あつまれ、あつまれ〜」とホールの中央に集めて焼き芋大会ごっこや、たき火ごっこをしたりして思い切り楽しみました。「ブルドーザーでお片付けしよう」と保育者が声をかけると、「ざざざー」と新聞紙を中央に集め、すっかりブルドーザーになりきって片付けを楽しむ子どもたちでした。

Point「大人も豊かな発想を」

　保育者も一緒に楽しむことで、子どもはより遊びに夢中になります。片付けひとつとっても、ただ集めるのではなく、「この袋いっぱいにできるかな？」と、どれだけたくさんの新聞紙を集められるかなど楽しみながら片付けを行うことができます。新聞紙をちぎるだけではなく、ちぎって服に見立てたり、ドレスにしてお姫様ごっこをしたり、おばけになったり、保育者の声掛けや、発想次第で様々な遊び方を楽しむことができます。子どもたちを魅了する魔法の声かけができる発想豊かなアイディアマン・アイディアウーマンでありたいものです。

制作

シール貼り

のり貼り

描画（なぐり描き）

指スタンプ

スタンプ

「先生と一緒ならできるよ！」

指絵の具（指スタンプ）の制作をした時、抵抗のある子がいました。オノマトペやメロディーの楽しさを利用して、「♪ぺったん、ぺったん、ピッピ」と、保育者がやって見せました。子どもが興味を示したら、次に子どもの手をとり一緒に歌いながらやってみると緊張がほぐれ、楽しく制作を体験することができました。

> **Point**「楽しんでできる工夫を」
>
> 初めてのことに挑戦する時には、慎重になってしまう子もいます。そういう時には、まずはその思いを受け止めてあげましょう。無理をさせないことが大切です。そして、子どもが興味を持つための工夫を考えましょう。ここでは、動作に音やリズムをつけて楽しい雰囲気を演出しています。保育者や友だちが楽しそうに行っているのを感じると、自然とやってみようかなという気持ちに変化していくことでしょう。
>
> また、制作を行う時は、一人の保育者でしっかり見守りのできる人数で行いましょう。保育者の経験年数や、子どもの特徴や発達段階によっても変わってきます。また、静かに制作に取り組める環境づくりが大切です。一部屋に制作と遊びの空間を設けるときは、ついたてなどを用いて環境を整えると周囲の刺激を受けずに制作を楽しむことができます。

制作年間展示

制作物を展示する時は、保護者に子どもの発達や保育のねらいを伝えられるように、展示物とともに制作中の子どもの様子を伝える文章や写真を添えるなどの工夫をするとよいでしょう。保護者と子どもの発達を共有することができ、親子の会話のきっかけにもなります。

あじさい（シール貼りと指スタンプ）

模造紙になぐり描きしたもので電車をつくる・作品展

3．絵本

　絵本は知識を蓄えたり、発語やことばの習得を助けてくれたり、想像力を育んだりと、とても大切なものです。特に、1歳児という年齢の子ども達にとって、絵本を通して大人と過ごすゆったりとした時間は、安心感や信頼感を味わうことのできる素敵な時間です。子ども達が好きな時に、好きな絵本を、好きな保育者や友だちと、落ち着いて手にすることができる環境を作っていきたいものです。

　小さい年齢の子どもが最初に手にする絵本として、食べ物、乗り物、動物など子どもの身近にある物を描いたものが実体験と結びつきやすく興味をひくようです。また、そこから大人や友だちとのやりとりや関わりが広がっていきます。

「もぐもぐパクパク」

　保育者Aのもとへ『たべもの』の本を持って近づいてきました。しかし、その膝の上と両脇にはすでに友だちが座っています。それに気づいた保育者Bが「Yちゃん、読んであげるよ」と声をかけるとニコニコッと笑い駆け寄ってきて膝の上に座りました。絵本を読み始めると、絵を指さしながら「ご（りんご）」「ち（ケーキ）」などと食べ物の名前を言っています。保育者は「そうね、りんご」「ケーキ」などとその名前を繰り返します。しばらくして、保育者が「おいしそうね」と言うと、それに反応したように絵を指でつまみ、自分の口に運び、もぐもぐするように口を動かします。保育者が「いいな、先生も食べたいな」と言うと、次々と食べさせてくれます。数回繰り返すと、振り返るのに疲れたのか急に立って、保育者と向かい合うようにしゃがみ、また食べさせてくれました。それが2度程続くと、絵をつまみ保育者Aとそのまわりにいた友だちのところへ行き食べさせていました。

「みんなで食べようか」

　『くだもの』の絵本を持ってきました。2～3人で一緒に遊びながらくだものの名前を言うと、真似して「な（バナナ）」「んご（りんご）」などと語尾だけ言っていました。読み終わると、もういっかいよんで！と言うように絵本を保育者の前に差し出します。2回目は一つずつ保育者が食べてみせ、子どもたちの口元に持っていくと口を動かしニコニコしています。その様子を見て子どもたちが集まってきました。自分の番を期待して待ちながら友だちの食べる様子も見ています。自分の番になると張り切って口を動かし、終わるとまた繰り返し。今度は子どもたち同士、食べさせ合う姿が見られるようになりました。お互い真剣な表情だったり、笑いあったり、口の動かし方が普段の保育者が見せる動きと同じで笑ってしまいました。

> **Point**「五感を使ってイメージをふくらます」
>
> 　どちらのエピソードも食べ物をテーマとした絵本です。写実的に描かれた絵を見て、語りかけてくる保育者のことばを聞きながらイメージを膨らませ、絵を取り出そうとしたり、口元に運んだりしながら、やりとりを楽しんでいます。子どもたちは五感をフルに使いながら、「つもり」の世界を楽しんでいることがわかります。普段の保育者とのやりとりが再現され友だちにも広がっていくところが、この年齢らしいかわいい姿でもあります。

「一緒に遊ぼう！」

　Yが『だるまさんが』の絵本を持ち、保育者のところへやってきました。保育者が「読もうね」と言い、絵本を読み始めます。「だるまさんが～」の声に合わせて体を左右に揺らすY。「びろ～ん」「ぷしゅー」などのことばに合わせて、だるまの動きの真似をしています。保育者も表情を変えたり動きを入れながら読み進め、目が合うと二人で笑い、最後まで読むと「かい（もう一回）」と人差し指を出して要求する姿に応じて、3回程繰り返し読みました。すると、急に立ち上がり、ままごとコーナーへ行ったので、絵本は終わりなのかと思い、その本をすぐ横の壁に立てかけました。するとYはお皿とジュースを持ってきて、立てかけてある絵本の表紙に描かれているだるまに、「あ～ん」と言ってお皿から食べさせたり、ジュースを飲ませたりしています。次に布を持ってきて表紙のだるまにかぶせ「ばーっ」と言いながらいないいないばあをしてうれしそう。そこへ電車をつなげて走らせていたMが近づいてきて、だるまに「ばいばい」と手を振り通り過ぎました。その後ろから車を走らせていたHが来て、同じように「ばいばい」と手を振り通り過ぎていきます。絵本のだるまと、子どもたちのやりとりは、しばらく続きました。

Point 「絵本の可能性」

　エピソードでもありますが、1歳児にとって絵本は、ただの"読みもの"や"絵"ではありません。時には、見立て遊びの道具にもなるし、一緒に遊ぶ友だちにもなり得るのです。その子どもの世界を壊さない環境も大切です。

　子どもが絵本を放し、他の玩具のところへ行ってしまうと、もうおしまいなのかと片付けてしまいがちですが、子どもの遊びや興味の持続性を見極めながら遊びを保障してあげることが大切ですね。絵本とままごと、絵本と車…一見別の遊びのようですが、子どもの中にはしっかりとした結びつきや連続性があるのです。その世界を一緒に楽しめる保育者でありたいものです。

エピソード「真似っこ大好き」

　友だちの真似っこや繰り返しが楽しいと感じるFとH。Fがお気に入りの絵本を持ち、押し入れの中に入るとHも絵本を数冊持ち、後を追って押し入れに入りました。Fが絵本を指さししながら「あっちちーだね」と話し始め、HはFのことばに応じるように「つるつるめんめん？」と答えます。そのことばの面白さややりとりが気に入り、繰り返し「あっちちー」「つるつるめんめん」とヒソヒソ話で二人の世界を楽しんでいました。

Point 「絵本はことばの宝箱」

　普段から読んでもらっている絵本は、そこに保育者や大人がいなくても、友だちと一緒にイメージを共有することができます。絵本を通して、保育者と子ども、あるいは、子どもと子どものつながりができ、それが遊びへとつながっていくのです。繰り返しのことばや、心地よい音の響きやリズムは、子ども達のことばの世界を広げ、日常に楽しい彩りを加えてくれます。さらに、それらのことばからイメージを広げていくこともできます。絵本からとび出したことばが、遊びや生活の中で自然と楽しい雰囲気を作ってくれることもあるかもしれません。

　ことばを獲得していくこの年齢の子どもたちにとって、絵本は素敵な学びのツールですね。

4．体を動かす遊び

　登る、くぐる、しゃがむ、ジャンプする、ぶら下がる、走るなどの様々な動きができるようになる1歳児にとって、体をたくさん動かすことのできる環境が室内にもあると子ども達の遊びを広げながら体の発達を更に促進してくれます。また、天候によって戸外へ出られない日にも思いきり体を動かし発散できる環境の工夫が必要です。体を動かすことは、心も大きく開放してくれます。

木製ジャングルジム

「僕できたよ！」

　運動遊びより、じっくり室内で静かな遊びを好み、慣れないことを始めるのに時間を要するB。木製ジャングルジムが保育室に常設してあることで普段から身近な遊具として親しんでいました。通常は横置きにしているそのジャングルジムを縦にした時には、自らやってきて梯子のぼりに挑戦。成功したことが大きな自信となり他の遊具も積極的に遊ぶようになりました。

> **Point**「子どもの力を信じる」

　常に身近にあることで、挑戦へのハードルが下がり、やってみたらできたことで自信がついたようです。動的な遊具を保育室に常設しておくことは、保育者としては大変勇気がいることですが、子どもは、自分の力量をある程度知っているものです。その力を信じて、見守っていくことで、このエピソードのように自信につながったり遊びが広がったりします。何よりも子どもは自分で安全な遊び方を獲得していくので、安心して見ていられるようになります。

様々な設定

「テーブルはテーブルではない？」

　ままごと用のテーブルをひっくり返してみると、その間に座ったり、立ったり、両手で自分の体を支え、浮かせたりしています。危ないから止めるのではなく、危なくないように考え設定し、その場で見守り子どもと一緒に遊びを広げていきたいですね。

「ウレタン積み木も…」

縦に積む…一人で積む。一緒に積む

横に積む…上を歩いたり、電車に見立てたり

初めは保育者が並べた設定も子ども達がどんどん変えていってくれます

「僕の安心する場所」

　Aは第三子で、とても活発。様々なことに興味を持っていますが、好きな遊びが見つかるまでは遊びが移ろいがちで、友だちにちょっかいを出し、反応を見ることが遊びになっていました。ある時、保育室に常設してある木製ジャングルジムの中に入り、人形を寝かせてAも一緒に寝ころびました。硬い板の上なのにとてもリラックスして気持ち良さそうな表情です。囲われた空間が自分だけの場所となり、安心感を得ているようでした。

> **Point**「心と遊びを支える」

　子どもは、自ら安心できる場所を見つけ、自分のイメージでじっくりと遊びこめる力があるのだなと気づかされる場面でした。木製ジャングルジムは、動的な遊具ですが、「そこは、お人形で遊ぶところじゃないよ」と、大人の固定観念で否定をしていたら、その子の安心できる空間が一つ失われてしまっていたことでしょう。

② 戸外遊び

　さて、ここからは外に目を向けてみましょう。外に出ると、暖かいおひさまの光、動いていく雲、冷たい空気、風、雪、土、植物、虫などの様々な自然に触れたり、感じたりすることができます。それらの自然を十分に楽しむことができるのが戸外遊びです。また、車や自転車を利用することが多くなってきた社会の中で、寄り道しながらゆっくりと散歩を楽しむ時間や、たくさん歩いたり、走ったりなどする戸外遊びの経験は、とても大切で貴重な時間です。

　ここでは、園庭遊び、散歩・探索遊び、また夏ならではの遊びに分け、事例を紹介いたします。

１．園庭遊び

砂場

　砂場遊びは、砂の性質上、固まったりさらさらと崩れたり形が自由に変わるので、バラエティに富んだ遊びが展開できます。子どもは、運ぶ・積む・持つ・立つ・しゃがむ・掘るなど全身を使って遊びます。また、触る・すくう・握る・固めるなど手指を使うことが多いので、１歳児にはたくさん経験させたい遊びの一つと言えるでしょう。

　一人でじっくりと遊んだり、保育者と一緒に遊んだりしながら、砂の感触を味わいましょう。

「お砂場大好き」

春　・シャベルを持って砂をすくったり、落としたりを繰り返します。保育者が型抜きをすると、それを崩して楽しんでいます。

　　・テーブルと椅子に自分がお気に入りの玩具を持ってくると、食べる真似を始めました。しかし本当に口に入れてしまいそうになり慌てて止めました。

　　・保育者が作ったトンネルを「パンパン」と言って形を整えると真似をしています。なかなか砂に触れることができなかった子も自然に触ることができました。

初夏・SとHは保育者に作ってもらった砂山の周りで乗り物の玩具を持ちそれぞれに走らせていました。Kはシャベルだけでなく、手で砂をすくったり、握ったりしていました。

　　・砂場玩具の中で、Aの"お気に入り"ができてきて誰かに取られまいと全部抱えています。"一つも落とさないぞ"と一生懸命抱えて歩く姿にAの気持ちが表れていました。

秋　・久しぶりに登園したKは大好きな砂場で一人遊びをじっくり楽しんでいます。時々保育者の側にきて、作ってもらった型抜きを崩し、保育者の表情を見て笑っています。

　　・おろしたてのアイスクリームの型が気に入り、砂を入れたり、「アイス」と言って保育者に作ってもらい持ち歩いています。

　　・Yは、昨日の給食のかば焼き丼がおいしかったようで「かばやきどんです」と保育者や友だちに持ってきます。

　　・砂がしめっていて型抜きがしやすく、好きな玩具、好きな場所で思い思いにご飯作りを始めました。Nは「アイス、アイス」と言って人気のアイスクリーム型を持ってきました。作って渡すと笑顔で崩し、これを何度も繰り返しました。

　　・YとMがお魚とお肉を買いに出かけていきました。保育者は砂場のふちを利用して型抜きを並べます。園庭を一回りして戻ってくると「これください」「Mちゃんはこれ」と言ってお金を渡す仕草をして持っていきました。

冬　・料理をするような手つきで砂をかき混ぜています。自分で型抜きができるようになってきたのが嬉しいようで何度も試しています。

　　・皿にケーキの型抜きをのせると砂を「お砂糖」と言ってパラパラとかけています。

　　・たらいとタイヤを洗濯機に見立てて遊んでいるSに気が付くと、Kは真似をして隣で遊び始めました。そこにTが「せんざい」と言って砂を入れに来ます。

春　・花や葉っぱを用意すると、型抜きに飾ったり、皿にのせ砂をかけて「おいしいね」と笑っていました。

　　・全員が砂場に入るので、保育者3名も位置を考え入り遊んでいました。側にいる保育者に「トンネル作って」「おだんご作って」とやってほしいことを伝えながら楽しんでいました。やりとりを見ていたSは興味を持ったようで「入れて」と仲間入りしました。

Point 「1年を通してたくさん遊んだね」

　前半はそれぞれ思い思いの遊びを、後半は少しずつ友だちと関わりながら同じ遊びを楽しんでいます。自分が経験したことを再現したり、トンネルや砂山を大好きな保育者と作ったり、固めて崩すのを繰り返したりする遊びの中で、集中し工夫する力が身についていきます。

　砂や泥の感触は経験がないと嫌がる子もいますので、友だちの楽しそうな様子を側で見たり、さらさらな砂を手にかけたり、保育者が作った型抜きを崩したり、その子の興味がもてる工夫をし、心地よい刺激を与えてみましょう。砂の遊び方は多様です。感覚を共有して「気持ちいいね」「おいしそうだね」「一緒にやってみようか」と子どもの創造力を刺激することばをかけたいものです。2歳児クラスへ向けてさらなる想像力が芽生えてくることでしょう。

　しかし、服の汚れが落ちない、砂を口に入れてしまうなどの可能性もあります。保護者に汚れてもいい服を準備してもらう、砂で汚れた手を口に入れたり、目をこすったりしないよう配慮するなど気を付けましょう。玩具類は遊ぶ前は破損がないか確認しましょう。

色々な園庭遊び

　園庭の環境は施設により様々ですが、どんな遊びをさせたいのかを職員間で話し合い思いを出し合うことで、遊具を選び設定することが可能になります。可動式の遊具であれば組み合わせて何通りにでも遊び方のイメージが膨らむことでしょう。また、季節の花を植えることで、その成長の様子を一緒に楽しみ、花、葉っぱ、種などを使って遊ぶこともできます。その地域にもともとある植物を植えることで在来の生き物が集まってきます。身近な自然に集まってくる小さな生き物を発見した時の喜びは興味関心へとつながっていくでしょう。

「おーい、ダンゴムシさーん」

　庭に出ると何か面白いことはないかな～とアンテナをいっぱいはっているN。Dが庭の端っこの畑のところでダンゴムシを探しているのに気付き、「なにしてるの～？」と覗きに行きました。2人で、前のめりにのぞき込んでいるところへ一つ上のクラスのKが色々教えてくれている様子。「ダンゴムシさーん！」「ダンゴムシー！！」と、とっても大きい声でダンゴムシを呼んでいましたが、残念ながらダンゴムシは出てきませんでした……。

「いろいろな遊具の組み合わせ」

板とタイヤ

カラーコーンとベニヤ板

ピクニックシート

タイヤのトンネル

タイヤとお風呂マット

タイヤとマット

2．夏の遊び

　夏の水遊びは、子どもたちにとって刺激的で特別な開放感に満ちています。ダイナミックに遊ぶことで、身も心も大きく成長するでしょう。ともあれ、水への興味、好奇心は子どもによって様々です。遊ぶ場所やメンバーを工夫したり、空き容器やバケツなどの水遊び道具を十分に用意したり、たらいでスペースを確保するなどその子に合った遊びを構成してあげることで、水の感触を存分に楽しめるようになります。また危機管理もしっかりしなければなりません。夏の強烈な日差しに対して遮光ネット等を利用して熱中症や日焼け対策をしましょう。ちょっとした油断が怪我や事故につながりますので、目を離さないようにするのはもちろんの事、滑りやすい場所がないか角張ったところがないか、おもちゃが破損していないかを確認するなど安全面への配慮を怠らないようにします。一人ひとりの健康状態の把握、体調により水遊びできない子の遊びの保障と、保育者の配置や役割分担も決めて取り組みましょう。

「おんなじ！」

　たらいの水が少なくなったので、保育者がシャワーで水を足していると、Aがジョーロに水をくんできて傾けながら「おんなじ！　おんなじ！」と水が出る様子を見て嬉しそうに教えてくれました。

「そうだ！」

　今日もベランダで2歳児クラスが使っている水遊びの玩具、ソープポンプや霧吹きを借りてきて遊びました。前日に霧吹きのコツをつかんでいたA。前日は片手でポンプを抱えもう片方の手で"シュッ"と水を出していたのですが、片手では力があまり入らず思うように水が出ない…考えた末に、翌日は一度霧吹きを地面に置き、両手でトリガーのところを持って出す方法を見つけ遠くまで水を飛ばしていました。

「先生、ないよ！」

　氷をバケツに入れて渡すとTとKは、両手でしっかりと持ち、じっと見つめたり冷たくて驚いたりといった姿が見られました。SとCは、水の入っているバケツやたらいの中に氷を入れ「ない」「ない」と指さしながら氷が溶けてしまったことを保育者に伝えてくれました。

> **Point** 「小さな科学者」
>
> 　子ども達は水遊びを通して、不思議な体験と多くの発見をしています。その世紀の大発見を大好きな保育者と共有したいという気持ちがなんとも嬉しいですね。

色水遊び

「にゅるにゅる〜」

　水遊びをしながら絵の具を使って手形をとりました。絵の具の広がりにどの子も自ら手を伸ばし感触を味わっていました。手を上げたり、握ったり、トレイのうえを滑らせたりと十分に感触を楽しんでいる様子でした。絵の具の色も自分で選べるようにすると、指をさして選ぶ姿がありました。

「ふしぎだな」

　Aはオレンジ色(赤と黄色の食紅を混ぜてつくった)の水の中に手を入れて、自分の手が水の中できれいなオレンジ色になる事を発見して、入れてはながめ、また水から出してはながめ、また入れて…と色の変化を楽しんでいました。

> **Point** 「色水遊び」
>
> 　色水は、透明な水とはまた違う遊びができます。見立て遊びなどにも発展するので、ぜひ取り入れたいですね。絵の具や食紅、クレープ紙などでも色水が作れます。

「不思議な感触!」

　片栗粉と水だけで作る不思議な触感のクリーム、その名も『かたクリーム』。そのかたクリームを目の前で作り始めると、興味津々で見ていた子どもたちです。とろっとしたかたクリームの感触に初めは手を引っ込めてしまう子どもたちもいましたが、保育者が遊んで見せると指先や手のひらで触れ始めました。ぎゅっと握った手を開くとかたクリームが流れ落ちるのが面白いようでくりかえし楽しんでいました。

> ### Point 「信頼関係があるからこそ」
>
> 　興味はあるけれど、経験したことのないことには躊躇してしまう子どももいます。信頼を寄せている保育者が楽しんで遊ぶ姿を見せることにより、安心して初めてのことにも挑戦してみようとする気持ちが芽生えるのでしょう。日頃の信頼関係が伺えるエピソードでした。ちなみに、処分するときは時間をおいて固めてから捨てると捨てやすいです。

3.　散歩・探索

　散歩には、同じ場所・同じこと・同じ場面に対する期待や安心を感じるということと、その日・その時に偶然に出会う意外性や新しい発見を楽しむという二つの側面があります。保育者も子どもの目線になって共感し様々な思いを感じ取ってあげたいものです。

　集団で出かけることがほとんどですが、保育者同士話し合って「1対1」の散歩ができる環境があれば、順番に保育園の周辺をひと回りしても良いでしょう。その子にとって特別な何かを発見し、大好きな保育者と共有することで情緒の安定にも繋がっていくことでしょう。

「歩くの楽しいね」

　5月の散歩の様子です。立ち乗りバギーに乗る子どもと、保育者と手をつないで歩く子どもに分かれます。0歳児クラスからの持ち上がりの子どもは何人かで一緒にいく散歩の経験がありますが、新入園児はありません。歩行に差もあり、安全面でも不安があります。

　初めのころはバギーに乗りたくて指をさし泣いて訴える進級児もいます。信頼

関係のある持ち上がりの保育者が寄り添い「今日は何がいるかな？　あっ！　赤いお花が咲いてるよ。みてみようか？」「あっちにはアリさんいるかな？」と話しかけます。興味が向くような話をしながら手を繋いで歩き進めたり、歌をうたうと泣き止んで歩く気になったり、その時々で歩いてみたいと思えるような工夫をしました。3〜4回と散歩の経験を重ねると歩くことが楽しくなり、保育者のそばで待っています。公園までの道中、バスや

トラックが通ると「バスー」と声をあげています。また、花壇を見つけると「何かいるかな？」と期待してのぞきこむ姿がかわいらしいですね。探索してアリやダンゴムシを見つけた時のキラキラの瞳、嬉しそうな顔に保育者も笑顔で応えます。

Point 「探索活動を見守りながら」

　進級して少しずつ生活も落ち着いてきた頃です。外に出ると気分も晴れやかになり開放感で子ども達も嬉しそうです。歩く楽しさがわかるようになり、興味関心が広がることで探索活動も活発になります。色々な発見、感触、感覚を体で感じることを大切にします。エピソードにはありませんが、花壇の縁石を歩くなどの姿も見られるようになります。危ないからと言って直ぐに止めさせるのではなく、状況に応じて見守ったり、他に気を向けたりなど工夫する柔軟性を備えましょう。大人も子どもの目線になり、発見や発することばに耳を傾け共感します。散歩は楽しさがある反面、危険も伴います。行動範囲も広がるこの時期、怪我や事故の無いよう十分な注意が必要です。

「今日もいるかな？　会えるかな？」

　10月の様子です。散歩にも慣れてきました。子どもたちは、繰り返し同じルートや場所への散歩の中で、出会い・発見を楽しんでいます。一度経験した楽しいことを次の散歩時に〝ワンワンいるかな？〟と期待して出かけます。犬には会えなかったけど、猫に会えました。

　そして、次の散歩時に〝ワンワンいるかな？　ニャンニャンいるかな？〟と出かけます。見つけた場所の近くまで来ると小走りになり、いる時には〝いたぁ〜〟、いない時には〝いないね〜〟と喜んだりがっかりしたり様々な表情をみせてくれます。繰り返しの散歩の中に地域の人との交流がたくさんあります。

　・青いドアのおうちの人は、必ずドアを開けて犬を見せてくれる
　・メダカを見せてもらった家
　・ベランダにいる大きな犬の家
　・赤いドアの前にはダンゴ虫

　子どもたちの心の中には一つずつの楽しい経験が刻まれています。

　また、穴を見つけると、何か入れたくなる年齢です。金網、排水口の網を見つけては小枝、石ころ、葉っぱを入れようとします。ちょっと大きな石ころを持ってきて入れようとして入らず〝おっきいね〟と保育者が言うと〝おっきぃ？〟と入る大きさの石ころを見つけるまで繰り返す子どもの姿もあります。遊びから「大きい・小さい」を学んでいます。

Point 「繰り返しの安心感や期待感を」

　秋は暑くもなく寒くもない1年で1番活動が充実する季節です。また、自然物や小動物・虫などの生き物に出会う絶好の機会でもあります。子どもたちは、見たり触ったり聞いたり嗅いだり感じたりと五感をフルに使って散歩を楽しみ、感性を豊かに育んでいきます。大人にとっては同じことの繰り返しのようで飽きてしまう場所も、子どもにとっては安心や期待、新しい発見があります。驚いたり喜んだり「そうだね、あったね、いたね」と共感することで更に好奇心が広がることでしょう。

　地域の方々との交流も楽しいひとときです。大人があいさつする様子をそばで見てお辞儀を真似たり、話しかけに「うんうん」と頷いたりして一人前の表情がかわいらしい時期です。

　ぜひ、その地域に根付く保育園として住民の方との関わりも大切にして欲しいと思います。

4．草花遊び

　園庭のちょっとした茂みや、散歩先など身近な自然に目を凝らしてみることで小さな生き物たちが姿を現してくれます。保育所保育指針の中で「身近な生き物との関わりについては、子どもが命を感じ、生命の尊さに気づく経験へとつながるものであることから、そうした気づきを促すような関わりとなるようにすること」とあります。保育者自身が興味関心を持ち、子どもが生き物と出会い触れ合える環境や自然を舞台に豊かな遊びを生み出すことのできる環境を整え創り出していく保育者でありたいと思います。

どこにでも生えている植物を使った遊び

カタバミ

　→よく熟した種を手でつまむと……

　　パンパン！　と面白いように種がはじけ飛ぶのが、楽しいー！

メヒシバ（草花遊びの万能選手！）

　→①ただ頭の上に立てて走る→タケコプター！

　　②草相撲(松葉でもできますね)

　　③穂の部分を下におろして加工(人間、蝶など、

　　　いろいろな形が作れます)

　　④③で加工したものをシャボン玉液につけて、

　　　シャボン玉遊びも！

　散歩や園庭で出会う生き物や植物に対する正しい知識を持って自然の様々な姿に親しみ見入ったり感動したり……子どもたちの豊かな感性が育つといいですね。

⌐ Column ¬

ごっこ遊びをしようと思ったけれど…

　小さな公園に子どもたちと散歩に行った時のことです。長細い形をした葉がたくさん落ちていて、どうやら誰かがすぐそばの木から取って落としていったようでした。私は子どもたちを誘って、葉を手に取り「ぴょんぴょん！」とウサギになって遊ぼうとしました。「ちょっと待って！」同僚が「それ、キョウチクトウじゃないかな、毒があるんだよね」と教えてくれました。身近にある公園で毒のあるものが植えられていることもあるものなのだと知り、気を付けるようになりました。

5．危険な植物・生き物

危険な植物

　薬と毒は紙一重と言われるように、植物にはありがたい恩恵も受けていますが、知らないと大変なことになる事があります。下の写真の３つの植物は口にしてはいけない植物です。

キョウチクトウ	アセビ	ヨウシュヤマゴボウ

有毒部位は葉、樹皮、根、種子　　　有毒部位は全株、特に新葉に毒成分が多い　　　有毒部位は全草、特に根と果実に毒が多い

　他にもヒガンバナ・スズラン・イチョウ(銀杏)など、植物によって食べてはいけないもの、触るとかぶれる可能性の高いものなどがあります。チューリップやヒヤシンスの球根は傷がついていたら皮膚につかないように気をつけましょう。触ったら手をよく洗いましょう。

危険な生き物

チャドクガ (成虫、幼虫)

　ツバキやサザンカにいます。年２回発生（４〜６月、７〜９月）。刺されたら絶対に掻いたりこすったりせず、流水で洗い流してください。ガムテープなどで刺さった毛を取り、皮膚炎を起こしたら抗ヒスタミン剤の入ったステロイド剤を塗布するか、受診しましょう。

イラガ

　柿、梨、梅、桜、バラ、クルミなどによくつきます。幼虫の特徴は24ミリくらいで、太く短い形をしています。鮮やかな黄緑色に褐色紋。

　７〜10月に幼虫が見られます。毒針に触れると電撃的疼痛を感じます(日本の毛虫で１番の痛みと言われています)。

マツカレハ（幼虫、マユ）

5～6月頃松やヒマラヤスギの新芽付近に見られることがあります。毛虫のほかマユの外側にも毒針毛がついているので触れないようにしましょう。

サシガメ

冬場に大きな木(サクラやエノキの木など)の、子どもの目につくような高さの場所に集まっていることがあります。素手で捕まえると獲物と間違えて刺すことがあるので気をつけましょう。

スズメバチ

大型の巣を木の空洞や人家の隙間などに作ります。攻撃性、毒性が強いのでとにかく巣には近づかないようにしましょう。樹液や果樹に来ているものにも注意し、決して手を振り回して追い払うということはしないでください。とても危険です。ハチの動きに注目しつつ、そっと身体を動かしながら退避するのがよいでしょう。知らずに巣に近づいてしまった場合は直ちに数十メートル遠ざかり巣から離れましょう。

ニホンアマガエルやヒキガエル

皮膚などに毒を持っています。手で触ったあとは、目や口に触らないように注意し、よく手を洗いましょう。

ふれあい遊びうた

だんごだんご

だーんご だんご　くっ つい た　　あーあ と れ ない　なか なか とれ ない

ん〜〜〜　ポン！あー あー よ かっ たー　ね！

だーんご だんご　　　あーあとれない　　　　ポン　　　　あーあー　　　　ね！
くっついた　　　　　なかなかとれない んー　　　　　　　　良かったー

やまのぼり

くーま さんが　　くま さんが　　どん どん どん どん　　やーま の ぼ

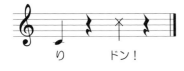

り　　　ドン！

　大人が子どもの手を取り、こぶしでやさしく腕を登っていきます。「うさぎさん」なら人差し指と中指で弾むように登っていき「ありさん」ならちょこちょこと小刻みに、「へびさん」なら腕を伝ってにょろにょろと……というように様々なアイデアで楽しめます。「次は○○がいい！」と子どもからの発信がうれしいですね。

あめこんこん

① ぴちぴちぴちぴち　　あめコンコン　　　ぴちぴちぴちぴち　　あめ　コンコン
② ザーザーザーザー　　あめコンコン　　　ザーザーザーザー　　あめ　コンコン
③ ぽつぽつぽつぽつ　　あめコンコン　　　ぽつぽつぽつぽつ　　あめ　コンコン
④ タットンタットン　　やみました　　　　タットンタットン　　やみ　まし　た
　　　　　　　↑ここは舌でコン！と鳴らす

手をたたきながら下げていく

ぴちぴちぴちぴち
あめコンコン（2回）

両手を4回下に下げる

ザーザーザーザー
あめコンコン（2回）

人差し指でもう一方の
腕を登っていく

ぽつぽつぽつぽつ
あめコンコン（2回）

おにぎりのなかみは

（大人）　おにぎり　おにぎり　なかみは
　　　　　なーにかな？
（子ども）うめぼしー！
（一緒に）ウ〜、すっぱい！

中身を鮭にしたりタラコにしたり昆布にしたり
自由に遊んで！

もぐらもちどけどけ

もぐらもちどけどけ
〇〇ちゃんのお通りだい！
大人の足の甲に乗せて歩きます

　　伝承遊びなので人によって、メロディーやリズムが違うことも往々にしてありますが、
あまり気にしないで楽しんでください。
　　大人と子どもがやり取りしながら、オリジナリティーあふれるものにアレンジしたり、
歌によって目の前のお子さんの名前を入れてあげたり、1歳児が知っている身近な物の
名前が登場することで、盛り上がります。

うまはとしとし

うまはとしとしないてもつよ
いうまはつよいから（のりてさん）もつよ　いドシーン！

① うまは としとし ないても つよい
　 うまは つよいから のりてさんも つよい

② ドシーン

足にのせて 手をつなぎ
ゆすります

足の間をひらきます

にらめっこ

「あっぷっぷー」でいろいろな顔をすることで、おたがい大笑いできます。
大人も子どもの頃にもどって、おもいっきりおもしろい顔を楽しみましょう。

だるまさん　だるまさん　にら　めっこ　しま　しょー
わらうと　まけよ　あっ　ぷっ　ぷ

＊このページの2曲は、『子どもに人気のふれあい遊び』（東京都公立保育園研究会編）
　から流用して作製致しました。イラストは柏木牧子さんです。

第5章

保護者支援

保護者との関係づくりは、保育者にとって大きな悩みになることがあります。保護者と共に手を携えて子どもの育ちを支えたいと思うのは、保育者誰しもの願いでしょう。本章では、信頼関係を作るプロセスや具体的な方法など、実際に園で使用されている資料を交えて詳しく紹介しています。また、保護者との数々のエピソードをもとに、保護者支援の意味や方法について学んでいきます。

は　じ　め　に

　4月初め、保護者は多かれ少なかれ不安を抱えながらスタートします。進級児の保護者は、初めての進級や担任の人数が減ったことへの不安、新入園児の保護者は子どもと初めて離れることへの不安や、「子どもは保育園に慣れてくれるだろうか？」「仕事との両立ができるだろうか？」という不安もあります。1歳児は子どもから園の様子を話してくれる年齢ではないため、保護者は園の様子がわからず、保護者の不安が解消されにくい傾向にあります。一方で保育者としては、その不安に丁寧に寄り添いたいと思いながらも、子どもたちに十分に手と目をかけることで精一杯で、日々の中では保護者対応をゆっくりする時間がなかなか作れないというのも現実なのではないでしょうか。

　1歳児は、いろいろなものに興味を持ち、自己主張をし始めます。「大人の言う通りにはしてくれない」時期です。そのため「忙しい時に駄々をこねられる」「子どもにどこまで寄り添えばいいかわからない」など、保護者は、子育てが思い通りにならないという経験や、答えがわからないという悩みに直面します。情報化社会の現代では、インターネットに繋げば簡単に情報が手に入りますが、子どもたちは一人ひとりタイプが違うので、目の前のお子さんの状況にあわせずに情報の通りに子どもと関わっても当然うまくはいきません。そんな時、職場でのストレスや、家事・仕事・育児の両立で時間に追われ、保護者はただでさえゆとりのない毎日であることが相まって、その悩みが深刻になることがあります。そのような保護者の姿を、保育者側から見ると、「子どもの気持ちに寄り添っていない」「子どものことをわかっていない」「子どものことより自分のことを優先している」「子どもの言いなりになっている」「保育園に無理な要求をしてくる」というように見えてしまうのではないでしょうか？保護者と話していてもなかなか折り合えず、「この保護者に何を伝えていけばいいのか？」「どうやって伝えたらよいのだろう？」と途方に暮れることもあるかと思います。

　また、家族の多様化により、保護者が精神的な疾患を持つ家庭や子育て力が低下し虐待と紙一重の家庭、あるいは外国籍の家庭の入園も珍しいことではなくなってきています。さまざまな環境で育ってきた保護者と話をしていると、保育者の考える常識は、どの保護者にも共通する常識ではないのかもしれないと、考えさせられることもあると思います。

　このように多様化した保護者を支えていくために、保育者はどのようなことにポイントをおけばいいのでしょうか？

　子育ては手間と時間がとてもかかる営みですが、実は保護者が親になることも、子育てと同じように時間がかかります。また、すべての保護者のさまざまな言動の奥には「子どもへの思いや成長への願い」が込められています。

　保育者はこの二つを心にとめ、まずは保護者を丸ごと受け止めることが大切です。「認めてほしい」「誉めてほしい」という気持ちは、大人も子どもも同じです。「いつも本当に頑張っていますね」「今忙しそうだけどお母さん（お父さん）の体調は大丈夫ですか？」「困っていることがあったらいつでも話してくださいね」等と日々のかかわりの中でもできるだけ声をかけ、保護者の現状全てを受け止め寄り添う姿勢を示し、保護者と話がしやすい関係を作ります。

　その上で、子どもの状況や、保育者の子どもへの思い、園で支援したいと思っていることなどをできるだけ具体的に伝えます。ある程度関係ができてから話を進めることが望ましいですが、もし十分な関係ができていない場合は、伝える内容や伝え方にも気を配り、アドバイスを"置いてみる"つまり強制はしないで保護者がアドバイスを受け取るタイミングを待つスタンスが必要です。保育者と保護者の思いにずれが生じた時にこそ、保育者の思いを横に置き、「わかりました。そう思っているのですね」と保護者の思いを一度受け止め寄り添います。

　そのようなやりとりを繰り返す中で、お子さんの姿に変化があったり、保育者の我が子への思いに気づいたりした時、張り詰めていた保護者の心の糸が徐々に緩んできます。その時にはじめて、子どもを真ん中にして、どうしたらいいかという本音の話ができるようになります。

　はじめから完璧な保護者になれるはずはないし、またその必要もありません。このあとずっと続いていく親子関係が少しでもより良い関係となるように、保護者を丸ごと"受け止める"、保護者の思いに"寄り添う"、アドバイスを"置く"、そして保護者のタイミングを"待つ"。時間はかかりますがその繰り返しが、真の保護者支援につながっていくのだと思います。

　社会の状況は時代とともに変化をし続けています。保護者を取り巻く環境はこれからも変化し、子育てがしやすい社会の形成のために保育園が求められる役割はより重要なものになっていくことでしょう。しかし例えどんなに時代が変わっても、子どもにとって大人との信頼関係がとても大切なものであることは変わりようがありません。

　未来を担う大切な子どもたちの健やかな成長を願って、今保育者だからこそできる保護者支援を丁寧に積み重ねていきましょう。

※本章で紹介されている子どもの名前は仮名です。
　イラストは扉を含めて野村美和さんです。

信頼関係を創るまで

1　慣れ保育

　4月の入園当初から、登降園時に火がついたように泣くゆいちゃん。担任は、4月の当たり前の光景として「大丈夫ですよ。いってらっしゃい」と声をかけ対応していましたが、母はあまりにも泣き続ける我が子を見ていてどうしたら良いのか分からず、ある日一緒に泣き出してしまいました。ゆいちゃんは月齢も高く、色々な状況が分かってきているからこそ泣いているのですが、母にとっては不安でたまらない日々だったようです。母に少しでも安心して預けてもらえるように、ゆいちゃんが日中どのように過ごしているのか、泣かずに遊べたことなどを口頭でも知らせるようにしていきました。

　5月の連休明けは、母は覚悟をしていたようでしたが、ゆいちゃんは吹っ切れた様子で泣かなくなり、担任や手伝いに入る保育者にも手を振り、声かけにもゴニョゴニョことばで返そうとするなど大きな変化が見られました。その様子に母はとても安心し、母の笑顔もたくさん見られるようになりました。

ポイント

　初めての保育園に不安を感じるのは、子どもだけではなく保護者も同じです。保育者の立場からすると、初めての園生活に対して子どもが泣くのは当たり前ですが、保護者は、我が子が大泣きしていると、どうしたらよいのか分からず後ろ髪をひかれる思いで仕事に行くことになります。そんな保護者の不安を子どもは敏感に感じとります。子どもが一日でも早く、保育園に慣れ、安心して生活できるように、保育園では「慣れ保育期間」を設けています。子どもがそれぞれのペースで園生活に慣れていけるように、子どもの様子を見ながら、保護者と相談をし、少しずつ保育時間を延ばしていきます。慣れ保育は焦らず、子どものペースを大切にして進めていくことが、結果として、その後の落ち着いた生活に繋がります。慣れ保育の期間は、子どもの日中の様子を丁寧に保護者に伝え、保護者が感じている不安にも寄り添えるとよいですね。

2　グループ分け

　1歳児クラス16名の中に新入園児として入ってきた1歳0ヵ月のはじめくん。母は第一子で初めての保育園ということもあり、入園前から細かく質問をしてこられました。慣れ保育中も受け入れ時にはじめくんが泣く姿を見ていたこともあり、母の表情はさえない日々が続きました。連絡帳に、その日の子どもの様子を細かく記入し、お迎えの時もエピソードを交えて話をしましたが、母からの反応は今一つでした。母の職場復帰後も、その様子が続いたため、他の家庭よりも早目に面談をすることになりました。話を聞いていると、0歳児クラスからの進級児との差（月齢差も含め）や少人数保育のグループ分けについて不安があることが分かりました。この時期はまだまだ月齢差があること、そして園では子どもたちが落ち着いて過ごせるように少人数保育を行い、一人ひとりの発達に寄り添えるようにしていることを伝えると、とてもスッキリとした表情になりました。保育者が当たり前だと思っている、少人数保育や月齢差に合わせての保育は、初めて保育園に入園した保護者にとっては不安や疑問に思う
要素なのだと実感しました。

ポイント

　新入園児の保護者は、進級児と我が子を比べて不安になってしまうことがあります。特に4月の頃は、月齢で少人数制をとるのではなく、進級児と新入園児とでグループを分けることも多いため、より不安になってしまうようです。しかし、このようなグループ分けをするのは、進級児も新入園児もそれぞれが落ち着いて過ごすためであり、特に新入園児に関しては、一人ひとりのペースを大切にしながら、園生活に慣れていけるように…という保育者の思いがあります。その思いは、朝夕の送迎時や連絡帳だけでは保護者に伝わりにくいこともあるので、保護者に時間を作ってもらい、しっかりと話ができる場を作れるとよいでしょう。
　保育者が当たり前だと思って行っていることでも、保護者には伝わっていないことが他にも多くあります。当たり前と思わずに、こちらの思いを保護者にどのように分かりやすく伝えればよいか考えながら保護者対応をすることがとても大切です。

3　保護者の思い〜決める気持ちを後押し〜

　保育園帰りに公園に寄って遊ぶことが習慣になっていたりょうくん。母も根気よく付き合い、満足するまで遊ばせていました。ある日連絡帳に「昨日は雨が降っていたのでそのまま家に帰るつもりでしたが、公園に行きたいと大騒ぎをしたので、レインコートを着せて遊びました。さすがに困りました」と書いてありました。保育士が「できないこともあるということを伝えてもよいのでは？」と話をするとびっくりした様子でした。母は、子どもがやりたいと思った気持ちは受け入れなければいけないのかと思っていたとのこと。確かにおたよりや保護者会で、この時期の子どものやりたい思いを大切に……と伝えてはいましたが、保育者が伝えたかったことと、保護者の理解にはズレがあったことが分かりました。初めての子育てをしている保護者への伝え方を考えるきっかけになった出来事でした。

■ポイント

　この時期の子どもたちは、成長と共に自我が芽生え、激しく自己主張をすることが増えてきます。その自己主張に悩む保護者は多く、連絡帳や個人面談、保護者会の懇談のときにも、話題となるテーマです。そのような時に、保育者は「子どもの自分でやりたいという思いに寄り添ってあげてください」とアドバイスをすることが多いと思います。この時に、保護者にことばの意味をしっかりと説明できていたら、事例のように保護者も悩まずに済んだのかもしれません。子どもと一生懸命に向き合っている保護者の姿はしっかりと認めつつ、保護者の思いも聞きながら、具体的なアドバイスや対応方法を伝えられると、より丁寧な保護者支援になります。

Column　メディアとの付き合い方

　絵本の読み聞かせなどネットでの動画配信が保育園からも行われている現代社会において、子どもを情報機器から完全に遠ざけることは不可能です。うまく付き合う方法や、子どもの成長発達に悪影響がない活かし方を考えていくことが必要です。「子どもが言うことをきかない時に、鬼から電話がくると言うと怖がって効果ありです」と言う保護者もいます。怖いからやめるのでは本質的な解決にはならないとわかっていても保護者が本当に困ってアプリを使っているケースもあります。まずは、保護者の困り感は受け止め寄り添いながらも、別の解決策を提案したいと考えます。アプリを見せながら歯磨きを行うと子どもが嫌がらずに仕上げをさせてくれるようになったというケースもあります。メディア任せにせず、子どもと触れ合う、向き合うことが大事であることを念頭におき、子育ての援助ツールとして上手く利用していくなど、それぞれのケースを見極めながら保護者対応を考えていきたいです。

4　保育参観・個人面談

　3月生まれのたつくんは指しゃぶりが多く、参観時はまだ歩けませんでした。たつくんには姉が二人いて、母は保育園に預け慣れていることもあり、「あー分かっています」と返答することが多く忙しそうに見えました。参観後の個人面談でも、母の気持ちがつかみきれず、「お母さんは本当はどう思っているのだろう？」と担任は不安がよぎっていました。しかし数日後、保育参観の感想に「まだ歩けないけどシートを敷いて、外でたくさん遊ばせてくれて嬉しかったです。指しゃぶりが多いのですが、何度もおしぼりで手を拭いてくれて安心しました」「あーと指さす息子に、ヘリコプターねと答えて話しかけてくれることも分かり、安心しました。毎日の保育園の様子がよく分かりました」と思いをよせてくれました。母が何を大切にしてほしいか、どんなことが知りたかったか、やっと分かることができました。

　ことちゃん、2歳3か月。秋の個人面談ではことちゃんの好きな遊びや春からの成長した様子を担任から伝えました。すると父親は、「保育園には姉の時から10年間お世話になっております。いつも連絡帳に楽しんで遊んだことやおもちゃを譲ってあげたことなど、良いことばかり書いてもらっています」「しかし、家での姿と違いすぎて、親である私が把握しきれていないのではないかと不安になります」と、日頃の思いを話してくれました。連絡帳は家庭との大切なコミュニケーションであると思っているので、その日のかわいい姿や成長した姿を知ってもらいたいと思い書いていたことや、連絡帳を通してことちゃんへの共通理解をしていきたいことを丁寧に伝えました。父親からは「そのような思いで書いているのであれば大丈夫です。うちはトラブルも書いてもらってかまいません」と話してくれました。連絡帳というツールの大切さと個人面談で直接話し伝える大切さを実感しました。

ポイント

　保育者は日々丁寧に連絡帳や口頭で、お子さんの様子を伝えたいと心がけています。しかし、ことばや文字は保護者にとってイメージするしかなく、時に誤解をまねくことにもつながります。その点、保護者に実際に見て、感じてもらえることは保育参観の一番のメリットです。その後の個人面談は限られた時間内ではありますが、保護者としっかり向き合って話すことができる貴重な時間です。保育者の表情、ことばの使い方は特に気を付けていきましょう。そして、「話してよかった」と感じてもらえるよう保護者の子育ての想いや悩み、保育園への要望など日頃の思いをじっくり聴き、寄り添うことが、信頼関係の一歩になり、明日からの保育に繋がると思います。

5　保育参加

　1歳児クラスの子どもたちが、園生活に慣れた秋ごろに保育参加をしてもらっていました。ちょうどその時期に友だちから噛まれたり、ひっかかれたりしてしまうことが続いていたふじおくんの保護者が保育参加に来る機会がありました。これまでも、トラブルの度に状況を伝え保護者に謝罪し改善策を伝えてきましたが、保護者は「なぜ噛むのか？」と納得していない様子でした。

　しかし、実際に保育参加をし、我が子だけでなく他の子も見たことで、1歳児の発達の様子が分かったようです。我が子が友だちに興味があるがゆえに先に手が出てしまうこと、そして担任がそこに配慮をした上で保育をしていることを理解してもらえました。それ以降、トラブルが起きてもきちんと状況を伝えていくことで、以前のように厳しい表情ではなく、保育園への理解を深めてくださいました。

6　保育室あるある

　保育室でありがちなこんな事例　さて、あなたならどうしますか？

「自分で入ってこようとしているのだからわざわざ抱っこしてなくても……」と、つい思いがちですが、「先生に抱っこで受け入れてもらうと安心する」など、保護者にも何か理由はあるのだと思います。
「子どもが母親の抱っこを嫌がって自分で歩いて入ってくるようになった。保護者に話すよりそのほうが早かった」というケースも実際あったそうです。
子どもの成長を待つのも一つの方法ですね。

保護者同士話をしたい気持ちはわかるけれど、子どもたちが怪我をしたら大変です。
ここは早めに声をかけ、帰宅を促しましょう。これが毎日の習慣にならないようにしたいですね。

ポイント

　この時期の子どもたちは、成長と共に周りの友だちに興味が出てきます。しかし、ことばで上手く伝えられないがゆえに、噛みつきやひっかきのトラブルも見られるようになってきます。トラブルが起きてしまったときに、保育者は保護者にきちんと謝罪をすると共に、保育の振り返りをし、同じことが起こらないように配慮します。しかし、保護者の中には大切な我が子が噛まれたり、ひっかかれたりしたことに驚き、納得できない方もいます。もちろん、トラブルは起こらないことが一番ですが、保護者にも1歳児の発達の特徴の一つとして知ってもらうことが大切です。今回の事例の保護者のように、実際に保育参加をしてみて、集団の中にいる我が子の様子を見ることで様々なことに気付きます。

　初めて保育参加をするとき、保護者は緊張しています。しかし、毎年保育参加を続けていくと、我が子だけでなく、周りの子どもたちの成長に気付き、一緒に喜んでくれたり、クラスの保育や担任の思いも分かるようになって、とても協力的な姿がみられたりするようになります。家庭と保育園とで同じ思いで子どもたちを見守っていくためにも、保育参加はとてもよい機会です。

保護者はなぜ直接聞いてくれなかったのでしょう？
「ノートに書いてあるからいいと思った」
「面と向かっては聞きにくかった」
「先生たちいつも忙しそうだから…」
という場合もありそうですね。
返事は是非口頭で直接話ができるといいですね。

「忙しすぎて気が付かなかった」
「わかっていたけどどうしても休めなかった」
中には「自分も似たようなことをしたことがある」という方もいるのでは？　お子さんの健康状態にあわせて保護者連絡のタイミングや伝え方を考えていきましょう。

最後に……担任同士の話を子どもたちはよく聞いています。
話の内容には十分気を付けたいものですね。

7　発達がゆっくりな子どもの保護者とともに

　新入園児さらちゃんは入園当初から泣かずに、自分の興味のあるものでよく遊んでいました。しばらくして担任は、目が合わない、ことばがでてこない、名前を呼んでも振り向かず遊び続ける、行動を止められるとパニックになるなどの姿が気になり始めました。担任は丁寧に関わるとともに、園での様子を送迎時に母親に伝えていきました。ある日着替えに応じず遊んでいたさらちゃんに、服を見せてから「着替えようね」と声をかけるとスムーズに着替えはじめました。このエピソードを母親に伝えると、「家でもそうなんです」と笑って話してくれました。運動会が終わった頃、保育参観と個人面談を行いました。母親は、1歳半健診でことばが出ていないことを言われ心配していたことを教えてくれました。そこで担任が聴力の機能検査を受けることを勧めると、母親はすぐに検査を受けてくれました。また、ことばの専門機関への受診を提案してみました。ここで初めて療育と繋がり始めました。

　新入園児のこうくん（1歳10か月）は約600gで生まれ、合併症も多かったことに加え、父子家庭で送迎は祖父母であることから担任は多くの配慮が必要であることを想定していました。特に食事に関しては咀嚼や嚥下機能が弱く個別対応が必要でした。そこで担任は栄養士や看護師とも連携をとり、食事の形態を9〜11か月食から始めることにしました。食事の形態を上げる時には、表を使い家庭で試してほしい食材を家庭と確認をするとともに、食べやすいメニューを具体的に提案するようにしました。丁寧に伝えていくことで、家庭でも実践してくれるようになりました。

ポイント

　保護者の思いは深く見えづらいものです。保護者の気持ちや子どもへの思いを日頃の会話で話せる人、連絡ノートになら書ける人、伝えることをためらっている人、言えない人など、さまざまな保護者がいますが、我が子を思う気持ちは皆同じだと感じています。保育者が、担当のお子さんを思うあまりに保護者に熱く語ってしまうことはありませんか。子どものことを思うように、保護者一人ひとりにも合わせてじっくりと、話を何度でも聞いていきたいものです。特に発達がゆっくりなお子さんについては、緩やかな成長の中での子どもの姿を的確に捉え、丁寧に保育をすることが大切だと考えます。子どもの姿に合わせ保護者へのアプローチを続け、信頼関係に繋げられることを大切にしていきましょう。また、子どもや保護者を様々な視点から支援できるよう、職員間の連携も大切にしていけるといいと思います。

8　何気ない毎日の積み重ねが信頼関係に

　みきくんの連絡帳には兄の相談が毎日のように書いてありました。その都度担任は保護者の気持ちに寄り添い返答していましたが、内心は「この間も答えたのに」「弟の連絡帳なのに」という想いもありました。しかし進級前の最後の連絡帳には「毎回同じようなへこたれたコメントに、いつも優しく返してくださりありがとうございました」と書いてありました。時に苦しく、迷いながらもひたすら受け止めていたことが保護者の支えになっていたのだと分かり、ほっとした嬉しい気持ちになりました。

　いつもガーゼのタオルを握りしめていた転入児のみかちゃん。入園前面接でも「タオルを持っていないとだめなので持たせてもいいですか」と母親に聞かれましたが、みかちゃんがぐずり出すとすぐにタオルを渡す母親の姿から、みかちゃんより母親の不安の方が大きいと感じました。担任はタオルより心地よい保育をしようと思いながら、みかちゃんと母親にゆっくり寄り添っていきました。その後、遊び始めに保育者と一緒にタオルをカゴに入れられるようになったことをきっかけに、みかちゃんは徐々に母親にタオルを渡して入室できるようになりました。今ではタオルを持たないで登園して来ています。みかちゃんの成長と共に、母親も安心して預けてくれるようになったようです。

　毎朝父親と登園する隣のクラスのちかちゃん。今朝はメダカの水槽の前で動かず、父親は困った様子でした。「ちかちゃんおはようございます」「メダカたくさんいるね」と保育者が話しかけると父親は驚いた様子を見せました。我が子の名前をなんで知っているのだろうという表情でした。その日から、父親も笑顔で挨拶をしてくれるようになり、保育園の先生から、知っている先生に変わった感じが伝わってきて嬉しくなった瞬間でした。

> **ポイント**
>
> 　同じことを繰り返し聞いてくる保護者の対応を真剣にしていると、この対応でいいのか保育者も不安になり心が疲れてしまうことがあります。保護者もきっと思いは同じで、迷い悩んでいるのだと思います。心がちょっと疲れた時は、周りの保育者に助けてもらうのはどうでしょう。保護者との距離をほんの少しおくと、また新しい発見ができるかもしれません。そして、急いでアプローチせず、少し時間がかかっても、子どもが変われば保護者も変わると信じ、繰り返し丁寧に対応していきたいものですね。そんな毎日の積み重ねが信頼関係に繋がるのだと思います。いつの日か保護者自身が解決法を考えられるようになったその時に、子育てが楽しい（楽しかった）と思ってもらえたら、嬉しいですね。

② トラブルを通して

1　春のトラブル

　進級児のしんやくんは、環境が変わったことや、活動が始まっているところに登園するために入室しにくいこともあり、受け入れ時に泣く姿が見られるようなりました。しんやくんが保育室に入りたがらないと、母はしんやくんを抱っこして、廊下を何回も往復してから預けに来ます。ところが、また泣きだしてしまうと預けられず、廊下を往復して…を、繰り返しています。

　ある時、しんやくんはホールでリズム遊びをしているときに登園してきました。保育者が母に「お仕事の時間は大丈夫ですか？」と声をかけると、「大丈夫です」と言いながらしんやくんを膝にのせたま

ま、パソコンで仕事を始めていました。しんやくんは母の膝で、リズム遊びを見ているだけでしたが、活動が変わる頃には母の元を離れていきました。

　個人面談の時に、保育者としては一瞬泣いてしまっても預けてもらえたほうが、しんやくんも気持ちを切り替えて遊べて、いずれ泣かなくなるのではないかということを話しました。しかし、母は「泣いているのに無理やり預けることはできない」と言います。保育者は母の不安な思いを汲み「しんやくんが泣かないで入室できるようになってほしいという思いは一緒ですね。お母さんの思いでやっていきましょう。園としても泣かずに入れるような工夫をしていきます」と話しました。時間はかかりましたが、しんやくんは泣かずに入れるようになっていきました。

ポイント

　春は新入園児を迎えたり、進級児たちの生活や遊びを不安にさせないよう配慮したり保護者との関係づくりに気を配ったりと、保育者にとっても緊張するときなのではないでしょうか。この事例は、泣かないで入室して欲しいという思いは一緒でしたが考え方が違ったため、保護者も保育者もどうしたら良いか悩んだと思います。しかし、その部分を保護者と話し合ったことで、「願いは同じ」であるということを確認し合えました。保育者の思いや見通しを伝えながらも保護者の思いに寄り添うことは大切なことです。最後に選択するのは保護者であり、保護者が納得しなければ支援にはなりません。時間はかかっても保護者が決めたことを支援していくことで、信頼関係が生まれてくるのだと思います。

2　ひっかきによるトラブル

　園庭に遊びに行こうとしていた時の事、最後にやってきて友だちの前に入ったけいくん（1歳11か月）は、後ろにいた友だちに「やめて」と顔をひっかかれ、両頬に傷ができてしまいました。看護師が処置を行い、お迎えの際に担任2名と看護師より謝罪し、怪我の発生状況を伝えました。けいくんの母は「はい、わかりました」と言って降園していきました。

　翌日の連絡帳にけいくんが不安に思っていることや怪我をさせた友だちとは遊びや生活の流れの中で距離をとってほしいことが書いてありました。担任は夕方お迎えに来た母に、再度お詫びし、保育中の移動の際など子どもたちの様子を良く見て状況を把握し、怪我を未然に防いでいくことを丁寧に伝えました。

　その後、母から要望があり、けいくんは受診をすることになりました。

　顔の怪我ということに加え、ひっかきやかみつきによる怪我が続いていたこともあって、母ははじめから受診を望んでいたようでしたが、保育者はその気持ちに気付くことができませんでした。

ポイント

　かみつきやひっかきは発達過程の一部であるとはいえ、怪我をしたことに対して保護者は「かわいそうに…」「この傷大丈夫かな？」という不安や心配の気持ちを抱きます。かみつきやひっかきが度重なるとさらにその気持ちが強くなり、それに伴って「その子とは遊ばせないでほしい」という要求や「どんな保育をしているのか」という強い不安を伝えてくることもあります。怪我が起きた時には、保育を見直し環境を整えるのはもちろんのこと、保護者にはありのままを伝え謝罪するなど丁寧に対応していくしかないのですが、その際にはやりとりの裏にある保護者の本当の気持ちを汲み取っていくことがとても大事です。特に顔の怪我は受診をすることで誠意ある対応となることもあるので保護者の思いに寄り添いながら対応を進めていけるとよいと思います。また1歳児の発達過程において起こる様々な子どもの姿を年度初めの保護者会や面談で保護者と共有するなど事前に知らせていくことで大きなトラブルとなることを防ぐことができることもあります。一方で、怪我をさせたお子さんの保護者に話をする際にも、他のお子さんにけがをさせてしまった切なさや保護者がそばにいられないことに対するもどかしさなどを感じることが想定されるため、より丁寧に寄り添いながら伝える必要があります。いずれにしても担任だけで対応するのではなく、園長や看護師とも連携をとりながら丁寧な対応を心がけたいですね。

3　散歩でのトラブル

　新入児のしょうくんは、保育経験はなく、あまり動き回る子でもありませんでした。保育室や園庭にもだいぶ慣れてきた初夏、散歩に出かけました。しょうくんは、登降園時にバギーに乗っていたり、保育室までの距離も抱っこで連れてこられたりすることが多く、あまり歩くことに慣れていない様子だったので、少人数で保育者と手をつないで歩くことにしました。散歩の途中でしょうくんは、花や車などを見るたびに保育者の手をひっぱって教えてくれました。それは、保育園のなかで見せる表情と違い、いきいきとしていて楽しさが伝わってくる姿でした。そんなしょうくんの様子を保護者と共有したいと思い、連絡帳に丁寧に書きました。すると次の日、保護者から「家庭では、公園に出かけるときはバギーで行っているので、道路を歩かせたことはありません。車も通るし、ゴミも落ちている事もあるのに危なくないですか？　子どもと1対1でもドキドキするのに、子どもを何人も連れて歩いて危なくないですか？」という内容が連絡帳に書かれていました。その日のお迎え時に、保育者から保護者に不安にさせてしまったことを謝罪し、散歩の目的や安全・配慮などについて分かりやすく伝えましたが、今一つ納得していない様子でした。しかしその後も、担任は散歩に出かける度に、しょうくんのかわいい姿や発見したもの、歩くのが上手になってきた事などを丁寧に伝え続けました。

　そんなある日、保護者から「休日に公園へ行こうといつものようにバギーに乗せようとしたら、嫌がったんです。私の手を引いて歩きたがるんです。バギーを置いて出かけたら……。うちの子あんなに歩けるんですね！　車が来たら端っこに寄ろうとしたり、突然道路にしゃがみこむから何かと思ったら、アリを見ていたり。先生たちの散歩に行く理由がやっと分かりました。歩いてお散歩に行くのは楽しいですね！」と笑顔で話してくれました。

ポイント

　保育経験がなく入園された方は、保育園の様子が全く分からないので、不安も大きいのだと思います。散歩の目的はもちろんのこと、安全が確保できる引率人数・散歩ルート・危機管理体制など、園外に出る際に十分検討し配慮していることについては保護者へ説明できますが、感覚的なものを保護者に理解してもらうのは、ことばだけでは難しいことがありますね。保護者の「分からないこと」を理解してもらえるよう、連絡帳で丁寧に伝える事に加え、可視化できるような工夫も効果的だと思います。保育者が、日々きめ細やかに保育を行ったことで、子どもが変わり、保護者も変わるのですね。散歩の楽しさが共有できて本当に良かったです。

4　思いのすれ違い

　2歳4か月になるかほちゃんは、少しずつ家庭のトイレで排泄をしているようでした。保護者の思いは「この夏にオムツを外したい」でした。園でもトイレで排泄していましたが、オムツにも出ているため、間隔が短いと判断してパンツへの移行はもう少し様子を見ることにしていました。それから1か月ほど経ち、友達がトイレで排泄することが増えてくると、「わたしも」と、かほちゃんがほとんどトイレで排泄をするようになってきました。その様子を保護者に連絡帳や口頭で伝えると、喜んでいる様子がうかがえました。

　秋になり、クラスではかほちゃんをパンツにしてみようと話し合い、保護者にも声をかけると「本当はパンツにしたいけど、今、家ではオムツをはきたがって困るんです」という返事が返ってきました。家庭と園での姿の違いを考慮し、家庭では無理なく進めてもらうように話をしました。その後、かほちゃんがトイレに行きたい時に行けるよう担任間で声を掛け合い、できる限り同じ保育者と行くように配慮していくと、保育園での成功体験がさらに重なっていきました。1月になると、家庭でも園でも同じようにパンツで過ごせるようになりました。

> **ポイント**
>
> 　オムツからパンツへ移行する時期は、失敗してしまうこともあるので親子ともにストレスを感じることがあるようです。子どもは何らかの理由でトイレやパンツを嫌がったり、頻尿になったりなどの行動が出ることがあります。保護者の思いも、早く外れることだけに目が向きがちだったり、洗濯物が増えるため外すことを拒むなど、様々です。おむつ外しは保育園と家庭とが同じタイミングで進めるほうが、子どもにとっては戸惑いが少なく行えるのではないかと思います。そのためには、今の子どもの状態と保護者の思いがどこにあるのかを知り、保育園として保護者の思いに寄り添えるような具体的な提案をしていくことが必要です。その後、子どもの様子を保護者に丁寧に知らせていくことも大切です。このケースは、保護者と保育者の思いは一緒でしたが、かほちゃんが家庭ではオムツをはきたがっている状況を、どう受け止めるかが大切なところだったと思います。保育者が、かほちゃんの家庭での姿を受け入れ、保育園での対応をきめ細かく行っていく方法をとったことは、かほちゃんにとっても無理がなく安心してパンツへ移行することにつながったのだと思います。

5　他機関との連携

　じゅんくんの母は精神的な疾患があり、子ども家庭支援センターのフォローを受けながら保育園に入園してきました。ある日のこと、担任は受け入れの時にじゅんくんの顔にあざがあることに気が付きました。形状に違和感があったので担任はすぐに園長に報告し、その日のうちに園で会議を開きました。毎朝じゅんくんの身体を観察し細かく記録を残すこと、あざがあったときは事務所でも状態の確認をすること、また受け入れ時母へ怪我の有無の確認をすることなど、細かく観察方法を決めました。また、子ども家庭支援センターに報告し来園した担当者と、こまめに情報共有をすることなどを確認しあいました。その後も時折不自然なあざが見られることが数か月続きました。

　そんなある日、いつもの時間になっても母は迎えに来ませんでした。電話をしてもしばらくは留守番電話にもならず、ようやく連絡がつき迎えに来た時には、夜の8時を過ぎていました。園長は母に、お迎えが遅れた事情を確認した上でお迎えの予定時刻を過ぎる時は前もって連絡をいれて欲しいことや、閉園時間をすぎても母と連絡が取れない時には他機関に連絡せざるを得ないことを伝えました。園では、母がお迎えに来ない時や連絡がつかない時の対応方法を確認しマニュアルを作成する一方で、できるだけ母に声をかけ子育ての悩みのフォローを行い母の精神状態の安定に努めました。

　その後は連絡がとれずにお迎えが遅れることはなく、あざができることも徐々になくなりましたが、子ども家庭支援センターと情報共有を行いながら、本児の観察と母親へフォローなど、園全体での見守りを卒園まで続けました。

ポイント

　児童虐待のニュースが流れるたびに、胸が痛くなり、「自分たちには何ができるのだろう？」と考えてしまうことはありませんか？　子どもと保護者の家庭生活は24時間営まれていますが、保育園が直接的に保護者を支援できるのは開所時間だけですし、できることも限られてしまいます。「どうにか手助けしたいけど、できないことがある」ということがもどかしく感じることがあるかもしれませんが、保育園の限界を自覚することは実はとても大事なことなのだと思います。なぜなら、保育者は虐待や精神疾患に関する、専門家ではないからです。保育者にできることは、目の前の子どもと保護者をきめ細やかに見守ること、もし違和感があった時には園内で情報共有をした上で、専門機関へ早めに繋げることなのだと思います。できるだけ早い段階で、専門機関に対応してもらいながらアドバイスを受け、園でできる対応をしていくことが、最終的にはより良い保護者支援につながるのではないかと思います。

6　異文化との出会い

あきちゃんは信仰する宗教上豚肉が食べられないため、メニューによって食事を家から持参しています。ある日、あきちゃんは友だちのおかずが食べたいと指をさし、泣き出しました。自分のおかずと違うことに気付いたのです。お迎えの時にこの時のあきちゃんの様子を母親に伝えました。この時点では、母親にエピソードとして伝えるのにとどめ、あえて保育者の思いは伝えませんでした。微妙なやりとりになりかねないので、慎重に対応しようとクラスで話し合っていたからです。その後、食事を嫌がることが増えてきたので、友だちのおかずと違うことが分かる心の成長として様子を伝え、「あきちゃんのおかずおいしいよ」とあきちゃんに話しながら関わっていることや、どうしたらいいか考えていることなどを母親に伝えてみました。母親は「話しても分からないかと思っていましたが、家で話してみます」と返答してくれ、豚肉が食べられないことをあきちゃんに話してくれました。また、持参のおかずもできる限り工夫してくれるようになりました。現在、あきちゃん3歳。おかずの見た目が全く違うこともありますが、ちゃんと食べています。

みうちゃんのお父さん、ドイツ籍。朝食は毎朝オートミールと牛乳のみ。しんくん両親共に、中国籍。朝食は毎朝湯麺。毎年朝ご飯の大切さを保護者会の懇談テーマにしたり、栄養士から「時短！　簡単！　朝食メニュー」として紹介したりして伝えていますが、最近は外国籍の保護者の方が増え、この感覚は？　と考えさせられることもしばしばあります。朝食の大切さをひとくくりで伝えることが難しくなっていますが、そんな時は作り方を聞いてみたり、母親の子どものころの話を聞いてみたりし、保護者の生活スタイルや思いに触れるようにしています。そんなコミュニケーションのやりとりから、伝えたいことが話せるタイミングができることもあります。

ポイント

現在、保育園においても外国にルーツを持つ子どもの入園が多くなり、言語の違いによるコミュニケーションの課題や文化の違いなど、様々な困難に直面する場面が増えてきています。それは国籍だけではなく、日本で生まれ育っても地域や取り巻く環境によっては異文化に感じることがあるように思われます。文化や習慣の違いを認め合い、分かり合うにはどのような方法が良いか日々、模索しています。例えば、在籍している子どもの国の料理を保護者に聞き、日本風にアレンジして園便りなどで紹介するなど、他国のことを知る良い機会につなげたりしています。子どもたちにとっても、異文化を知り、触れながら大きくなることを、違いを受け入れ相手を認める心の成長になるよう保育したいと感じています。

③　積極的なアプローチ

保護者対応〜受け止めていくこと、積極的なアプローチを仕掛けていくこと

　子どもと保育者の関係性は、共に教え・教えられる関係性が望ましいです。保育は子どもが自ら環境に働きかけ、遊びを通して学ぶものです。保育者と保護者の関係性も保育者が正しいことを保護者に教えるのではなく、共に子どもを育てるという関係性の中で、理解し合い個々の保護者の状況に合わせて援助していくことが望ましいと言えます。この人の話なら聞いてみようと思ってもらうようになるにはまずは、子どもとの信頼関係ができること、つまりは子どもが安心して楽しく保育園に通っていることがスタートとなります。人は、どのような状況であれば、人の話を受け入れることができるでしょうか。仕事や子育てで精一杯頑張っている中で、もっとこうした方が良いですよと言われても答えは「わかっているけどできないことを言われた」「そんなこと言われても無理」と受け入れてはもらえないでしょう。もっとも手がかかる１歳児クラスの子育ての大変さにまずは寄り添うこと、「わからない」と思う気持ちをいったん受け止めていくことが保護者支援の第一歩だと考えます。保護者の困り感に寄り添い、解決に導く助言であれば受け入れてもらえるのではないでしょうか。一方、困ったときに手を差し伸べる、寄り添うだけではなく、より積極的に情報を提供し、先を見据えた支援をしていくことも保護者支援の有効な方法であると言えます。

　ここでは、子どもの成長発達の過程で起こりうる保護者の困難を予測し、一歩先を見据えて、対応の仕方などを伝えておくことで、戸惑わず子どもと向き合えるようにする積極的なアプローチの方法を考えていきます。

Column　早起き早寝

　成長ホルモンは寝ている間に分泌されます。成長期の子どもたちには早起き早寝が大事です。そうはいっても大人の生活リズムが優先され、子どもに合わせるのがなかなか難しい保護者もいます。あれもこれもと求めては「できません」と頑なになってしまいます。まずは何ができそうか、共に考えていく姿勢が必要です。食事は総菜を利用して食事時間を早くすることも一つの方法です。保護者が困ったと感じ、自ら改善したいと思わないと変わりません。子どもが早起きして気持ち良く過ごせたことや食事をたくさん食べたことなど良かった時に話をするなどやってみようと思える声掛けを工夫したいものです。

1　掲示で伝える

　視覚で、保護者の方に園の様子を知ってもらうために、写真をつけた掲示は有効です。ただ、写真を並べるのではなく、今、子どもたちにどのような働きかけをしているか、どのような配慮をしているかのコメントをいれることで、保育のねらいをさりげなく伝えることができます。例えば、「まずは満足するまでじっくり遊んで欲しいので、遊具は一人1個より多くあります」「おんなじが嬉しい」「なんだろう。不思議だね」「気づきや発見、試している時はじっくり遊べるように見守っています」など、コメントがつくことで子どもの発達や保育の意味を理解してもらうことができます。

2　園だより

　園だよりの前文は、園の保育方針を伝えるようにします。その中で、1歳児の姿から、保育の中で大切にしている事を伝えてみました。保育の専門家である保育者も子どもにとって必ずしも正解のことばかけができるわけではありません。この記録のように失敗したなと振り返り反省しながら子どもに寄り添おうとしていることを知らせることで、保護者は子どもと日々関わる中で困ったり怒ったりしたとき、試行錯誤しながら子どもの思いに寄り添う保育者の姿勢を思いだし、子どもに向き合う力やヒントを得るのではないかと思います。保育者がどのような思いで子どもとかかわっているか、どのような対応を意識しているか、保育の中で何が大切かを知らせていくことで、子育ての中で大切にして欲しいことを間接的に伝えています。直接こうしたほうが良いというと指導的になりますが、共に子育てをしている、共に考えるというスタンスで保護者と向き合っていきたいと考えます。

令和元年 8 月 1 日

8 月の園だより

区立　　　保育園

園長

　保育園では、毎日保育の記録を書いています。ほんの数行の中にも保育士の姿勢や子どもの様子が浮かびます。記録をすることで、保育の振り返りや反省ができ、その場にいなかった職員と子どもの姿を共通認識したり、成長や発見の喜びが共有できたりします。あるクラスの子どもの記録です。

　ベンチを動かそうとしていたので「重たいから置いておいてね。」と伝えると叫んで怒る姿が見られた。（自分の言葉かけが良くなかったことに気づいたので）「～したかったの」など言葉かけを工夫していく。

　なぜこの子どもは叫んで怒るのでしょう。保育士は怒る子どもの姿から、ベンチを動かそうとしているのはなぜだろう、何がしたかったのかなと考え、子どもの思いを汲み取れるよう「～したかったの」と尋ねてみよう、まずはやりたい思いを受け止めてみようと振り返っています。保育士のかけた言葉は柔らかく聞こえますが、子どもにとってはやりたいと思ったことを止められたと感じたのでしょう。毎日、一瞬一瞬の中に子どもたちは大人が自分のことをどう見ているのかを感じ取っているのだと改めて思います。

　ベンチをうごかすことを良しとすれば、「重いね。」と同じように動かそうとして体験していることを共有してみたり、「動いたね。やったね。」と嬉しい思いを共有してみたりすることができます。そんな共有体験を通して子どもたちは基本的自尊感情を育んでいきます。自分の良いところも悪いところもあるがままに受け入れ、自分を大切な存在として尊重するものが基本的な自尊感情です。体験の共有と感情の共有、子どもたちと一緒に泣いたり笑ったり、怒ったり、そのような積み重ねを日々の中で丁寧に行っていきます。

行事予定
30 日（金）　プール閉い（3・4・5 歳児）
中旬　　　避難訓練・身体計測

3　各お便りから

　クラスだよりでは、年度当初に1年間のクラス目標、保育の中で大切にしたい事や、こんな風に成長していくという子どもの姿の見通しを伝えています。家庭での遊びのヒントを知らせたり、園で作っている手作り遊具の紹介もしたりします。子どもたちが遊んでいる様子を具体的に知らせるとより楽しさが伝わります。また、食具をしっかりと自分で持って食べていくようになるので、食具の持ち方や、食事の姿勢を知らせ、歩行の完成する時期であり自分でやりたい気持ちを大切にしたいので履きやすい靴の選び方なども紹介したりします。何でも自分でやりたい時期の子どもたちが、できるだけ自分でできるよう、保護者の方に子どもの姿を伝え共有しながら進めていくことが満足感につながっていきます。

りす組クラス保護者会資料

平成　年5月　日（ ）4：15～

1、子ども達の様子～スライドを見ながら～（保育園での一日の様子です）

2、クラス目標

☆生活リズムを整え、健康で楽しく過ごそう。（早寝・早起き）
☆全身を使った遊びや探索活動を楽しもう
☆いろいろなあそびを大人や友だちと一緒に楽しもう。
☆自分の気持ちをいっぱい表現しよう。

〈1歳児の特徴〉

何か、おもしろいものないかな～？
　歩行がしっかりしてきて、歩いて探索するのが楽しい時期。いろんな発見がいっぱい！
　親子で手をつないで歩いたり、公園に行っていっぱい遊びましょう。

これ、ぼくの！わたしの！
　友達との関わりが出てきます。子ども同士ぶつかり合うこともあり、おもちゃや場所の取り合いも見られるようになります。
　ケガのないよう見守りまがらも、思いを出せるようにしていきましょう。

これ、なあに？
　大人の言葉をまねて単語を覚えていく時期。かわいい言葉がいっぱい。
　目と目を合わせて会話を楽しみましょう。

「自分で」なんでもやってみたい！
　まだ、出来ないこともたくさんありますが、大人が手伝おうとすると、いやがったりもします。見守ってあげて、さりげなく援助し、「自分でできた」という満足感を味わわせてあげたいですね。

いやだ！いやだ！
　気に入らなかったり、自分の思い通りにならないと、怒ったり、ひっくり返ったりします。
　「だめ」だけでなく、「～したかったのね」と共感し、「わかってくれた」と思えるように受け止めてあげましょう。

　1歳の頃はおしゃべりや行動が一番かわいい時期です。どんどん新しい行動にも挑戦していきます。それが大人の目にはいたずらにも見えますが、大人は「だめ」で片づけず、温かく認め、一緒にあそんで楽しいことをいっぱい発見していきましょう！！

給食だより

平成　　年１１月
区立保育園　栄養士

楽しい食事でマナーを育む

　保育園の給食は楽しくおいしく食べる事を大切にしています。また、友だちと一緒に楽しい雰囲気の中で食べ物や食器、食具を大事にすることや、気持ちよく食べるにはどうすれば良いかなどマナーが身につくようにも心掛けています。子ども達に伝えたい食事のマナーは、みんなが気持ちよく食事をするための心遣いや、食事を作ってくれた人への感謝の気持ちです。これは食事中に何度も伝えれば身につくものではなく、身近な大人が見本となり日頃から正しいマナーを知らせていくことが大切です。ご家庭でも一緒に食事のマナーについて考えてみましょう。

姿勢良く食べよう

　食事をおいしく食べるためには姿勢も大切です。背中が丸まっている、肘をついて食べる、足が床についていない等崩れた姿勢の食事では、消化が悪くなったり、よく噛めない、食べこぼす、食具を落とす等の姿につながります。イラストのポイントを参考に、姿勢良く食べる習慣を身につけましょう。

テーブルから
こぶし１～２個分
あけて座る

背筋を
伸ばして座る

椅子に座った時に
テーブルが胸と
おへその間に
くるように座る

かかとを
床につける

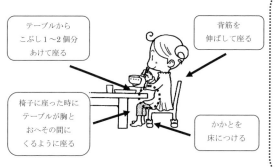

保育園での工夫
椅子とテーブルが子どもの体に合っていない場合はバスマットや牛乳パックで作った踏み台を置き、姿勢を保てるようにしています。かかとが床につくことで体が安定し、食べ物を口に入れた時にしっかり噛むことが出来ます。

親子でやってみよう　食事マナーチェック

食事に集中できる環境を整えてあげましょう

テレビをつけていたり、おもちゃや遊ぶものが側にあると食事に集中できなくなったりします。遊びと食事の区切りをつけることが大切です。

スプーンや箸、食器を正しく使って食べましょう

食具や食器を正しく使えると、こぼしも少なく上手に食べることができます。食べる姿もきれいです。

一緒に食事をしましょう

一人での食事は、好きなように食べてしまいマナーも乱れがちです。マナーは誰かと一緒に食事をする経験の積み重ねから自然と身についていきます。

「いただきます」「ごちそうさま」の挨拶をしましょう

たくさんの命をいただく事と、毎日食べるご飯が食卓に並ぶまでに関わったたくさんの人々へ感謝の気持ちを表します。

4　連絡帳で伝える

　連絡帳は、保護者によって育児日誌のようにたくさん書く方もいれば、全く書かない方もいます。連絡帳の保護者のことば、様子からどのようなアプローチをしていけば良いのでしょうか。

ケース１. 保護者の悩み相談　１歳６か月女児

　まいちゃんの母親は連絡帳に母親自身が感じた育児の大変さや苦労が多く書かれています。月曜日は、金曜日の降園後から日曜日の夜までの出来事が事細かに時系列で書かれています。悩みは主になかなか寝ないこと、偏食があること、服へのこだわりが強いことです。４歳の姉がおり日頃から２人の育児に手一杯な様子がうかがえるので直接口頭で降園後の様子を聞きながら連絡帳は母親をいたわることばで丁寧に記入するようにしています。「寝かしつけに苦労されているように見受けられますがまいちゃんの好きな絵本を４冊も読むことを続けていて素晴らしいです」「保育園では友達に刺激を受けて一口でも食べようとしています。お家では甘えたいのですかね。まいちゃん頑張っていますね」「忙しい朝でもまいちゃんに洋服を選ばせていて素敵です」というように記入しています。そこに対する母親からの返答はありませんが保護者支援の重要な一部であると感じています。

ケース２. 家庭欄は白紙　２歳女児

　連絡帳は家庭の様子を知ることができる大事なツールの一つですがるいちゃんの家庭は白紙で持ってきたり連絡帳自体を忘れたりすることが多いです。忘れた際は申し訳なさそうに「すみません」と保育者に伝えてくれますが、家庭の様子が見えにくいので担任としてはできれば書いてきてほしいと思っています。そんな日が続いた後、るいちゃんの母親が転職し仕事の時間が短くなると連絡帳を忘れたり白紙で持ってきたりすることが減り、家庭の様子が少しずつ見えるようになってきました。連絡帳の家庭欄は書いてきて当たり前と思いがちですが、るいちゃんには姉と今年から小学生になった兄がいて忙しい日々を送っていたこと、転職の準備があったことを考えると保護者なりに一生懸命やっていることを受け止めることが一番大事だと思いました。そのため、保育園からの欄にはるいちゃんの可愛い姿や成長が見られた姿をしっかりと書くようにしています。

　保育者は、子どもにとって良いと思うこと、正しいと思うことを保護者に伝えねばと考えてしまいがちです。でも、受け入れる側の保護者がそのことばを受け入れる心の状態であるかどうかを見極めなければなりません。どんなに正しいことでも保護者を追い詰めて落ち込ませてしまっては意味がないどころか、子どもへいらいらが向いてしまう悪影響も考えられます。保護者の今を理解し、思いに寄り添い、待つこと、認めることも大切な保護者支援です。

5　懇談会・保護者会を通して伝える

　懇談会は、保護者同士が子どもの姿を共有し、子育てのヒントや安心を得られる場になるようにしています。保護者が忙しい仕事の休みをとって参加するのだという前提に立ち、参加した意義のある会にしていきたいと考えています。年度当初に行う会では、年間の育ちの見通しや、クラスとしての大切にしたいことなどを知らせていきます。動画やスライドなどを用いて、子どもの姿をお見せすることも有効です。ただ可愛い姿を見てもらうのではなく、そこにきちんと保育のねらいや配慮を示していくことが必要となります。1歳児クラスの子どもたちが、この1年間にどのような姿を見せていくかについて先の見通しを伝えることが大切です。特に2歳児の特徴といわれるいやいや期の姿やかみつきひっかきといった友達とのトラブルが予想されることをあらかじめ知らせておくことです。この時期の発達の特徴を伝えておくことで、後からそのような姿が出てきたときに保護者が「ああ、そういう時期になったのだな。成長してきたのだな」と思えるようになります。懇談会ではフリートークを行う時間もあります。そこでは保育者が答えを出してしまうと、言われてしまったという思いになってしまうことや、懇談にはならず公開個別面談のようになってしまうことがあります。まだ1歳児クラスでは保護者同士の関係性も深まっておらず、気軽に話ができる雰囲気にはなりにくいのですが、保護者が言ったことに対し「そんな時どんなふうにしていますか」などと別の保護者にうまく話を振りながら、保護者同士で話がしやすくなるように保護者の特性を理解し進行していくことが必要です。どのようなものが良いのでしょうか。自由な懇談と言っても、保育者はそこにねらいや願いを持って向かう必要があります。トークテーマの例をあげてみます。

① 　かわいさ自慢をしてもらいます。ひたすら可愛いと感じたエピソードを話す中で、保護者の子どもの見方や関わり方が見えてきます。

② 　一場面を切り取った動画をみてもらい、その後、保護者の方だったらどうするかを話してもらいます。色々な捉え方や提案が出てくる中で、自分以外の考えにふれることで、こうでなければと思わずに少し気持ちが楽になることがあります。

③ 　グループになってもらい、積み木で遊んでもらったり、布を渡してどんな風に遊びたいかやってもらったりします。保護者の方同士の会話が弾み、コミュニケーションが深まります。

　懇談会は、保護者の方が園での様子を知り安心すること、子育てのヒントとなるような機会となること、保護者同士の横のつながりができること、園との信頼関係ができることなどにつながります。

第6章

1歳児保育の実態調査

1歳児保育の実態調査の結果です。都内公立494園の保育の実態が示されています。内容は、保育環境、保育体制、保育方法、生活と行事、ヒヤリハットなど保育全般にわたっています。日々の保育の参考資料として、また、自園の保育の検討資料として使ってください。

① アンケート作成から集計まで

○アンケートの作成

　新0歳児保育の実際（2017）に続き、新1歳児保育の実際においても、保育の実態調査を実施し、その結果を掲載することになりました。

　調査は、現在の保育の実態を知ることで、公立保育園においてこれまで大事にしてきたこと、変化してきたこと、および課題を確認し、保育の質の向上に向けて取り組むための資料とすることを目的として掲げました。

　とはいえ、本音のところでは、他区や他園では、どのような保育が行われているかを具体的に知りたい、そして、自分の保育を振り返ったり、日々の保育の参考にしたい、そんな素朴な思いから出発しています。

　この思いは、本づくりの過程で高まってきました。各区から選ばれた編集委員が4つのグループに分かれて本文の1章ずつを担当したのですが、その話し合いのなかで、同じ公立園といえども、保育環境、保育方法、保育観にかなり違いがあることを各自が実感していました。そして、もっと知ることで自分の保育を見直し視野を広げる機会にしたい、そんな思いがアンケートの項目に反映されていきました。

○実施方法

　2020年10月に東京都公立保育園研究会より各園にアンケートフォームのファイルをメール配信し、11月末を締め切りとしてファイルに入力してもらう形で回収しました。

○回答数

　21区の545園にアンケート配布し494園から回答がありました（回答率90.6％）。以下は区別の回答数です。尚、1園から複数の回答があったところもありましたので、以下の数字は区の園数とは異なっている場合もあります。

千代田区6園、中央区11園、港区14園、新宿区22園、文京区15園、北区28園、
荒川区13園、目黒区11園、大田区33園、渋谷区34園、世田谷区39園、中野区10園、
杉並区31園、豊島区18園、板橋区36園、練馬区38園、墨田区20園、江東区29園、
江戸川区33園、足立区19園、葛飾区34園

○集計

　自由記述については、同様の内容をカテゴリー分けし、典型的な回答を提示しています。

　なお、アンケートの冒頭に、『**以下の質問には、新型コロナウイルス感染症感染拡大防止対策の保育ではなく、通常の1歳児クラスの保育についてお答えください。**』と記載しました。

○アンケートの内容

　各グループから、聞きたい内容を自由にあげてもらいました。保育環境、生活に即した保育方法などがあげられました。それらを以下の８つの質問項目に整理しました。

問１．１歳児保育室の保育環境について
①保育室の位置（場所）
　　１階建て、２階建ての１階　等
②１歳児クラスの子どもの人数
　　（１クラスの定数）
③保育士配置数
　　（１クラスの担任数及び非正規職員の数）
④保育室内の絵本の使用について
　　（置き場所など）
⑤絵本の冊数
⑥１歳児が遊ぶ手作りおもちゃ
⑦手作りおもちゃの良さ
⑧絵を描く時に一番使うもの
⑨絵は、どのように描くことが多いか
⑩保育室内のコーナーなどの空間づくり
⑪保育室内の装飾の工夫、
　　光や音などについての配慮

問２．新入園児及び進級児の保育について
①慣らし保育（慣れ保育）の期間
②慣らし保育（慣れ保育）の進め方
③慣らし保育（慣れ保育）の具体的配慮
④進級児の保育の工夫

問３．担当制について
①担当制実施の有無
②担当制を実施している理由
③担当制の分け方
④グループ数
⑤担当制の実施範囲
⑥担当制実施期間
⑦担当制の目的
⑧子どもの共通理解や職員間の連携の工夫
⑨担当制をしていない理由
⑩子どもの共通理解や職員間の連携の工夫

問４．行事参加について
①参加している行事
　　（夏まつり、運動会、発表会、卒園式）
②その他の園行事
③誕生日の祝い方

問５．食事について
①食事の場所
②食事のときの保育士の配置
③食具の使い分け
④食物アレルギー児の人数
⑤アレルギー食の誤食を防ぐための工夫
⑥食事で大事にしていること

問６．排泄、午睡について
①おむつの扱い
②おむつの処理
③排泄の場所
④午睡チェックや午睡当番など、
　　午睡時の対応
⑤排泄、午睡について大事にしていること

問７．散歩について
①大人の人数
②避難車を使用する期間
③散歩で大事にしていること

問８．ヒヤリハットについて
①ヒヤリハットの内容
②かみつき・ひっかきの対応

☆最後に、あなたが、保育をしていて感じる
　喜びや願いなど自由にお書きください。

② アンケート結果

1　1歳児保育室の環境

①保育室の位置

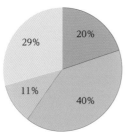

■1階建て　■2階建て1階　■2階建て2階　■その他

「1階建て」と「2階建て1階」を合わせると、60%が1階にあるという結果でした。その他の内の62%が3階以上の団地や複合施設の1階と答えており、全体として78%が1階にあるという回答でした。

②1歳児クラスの子どもの数

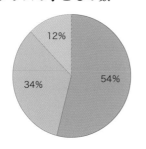

■10〜17人　■18〜23人　■その他

半数以上の園が、10〜17人の比較的少人数クラスでした。その他では、大きなクラスを10人前後の少人数に分けて保育しているという回答でした。

③1歳児クラスの職員配置数

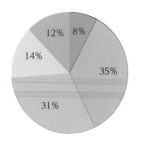

■2人　■3人　■4人　■5人　■その他

クラスの子ども数に応じて配置数は変わりますが、正規職員は、3人あるいは4人がそれぞれ30%を超えており、5人も14%ありました。また、非正規職員は1人が全体の34%、2人が14%、3人が4%と続き、5人という回答もありました。また、1〜2人という園が2%あり、時間帯によって職員体制を変えているようです。

④絵本の置き場所 ·································

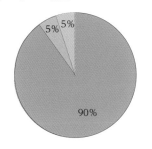

- 子どもが取れる棚　　 大人が出す　　 その他

5%　5%

90%

⑤絵本の数 ·································

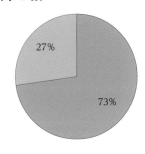

- 1～30冊未満　　 30冊以上　　 保育室になし

27%

73%

　90％の園で、子どもが取れる高さの棚に絵本を置いています。また、絵本の数は、73％の園で1～30冊未満でした。

⑥手作りおもちゃの種類（自由記述） ·································

　【ぽっとん落とし】チェーンリング落とし他
　【壁掛けおもちゃ】引っ張りおもちゃ（紐・布）　ファスナー開閉　マジックテープ付け外し他
　【ままごと用品】お手玉（丸型・俵型）　食材（フェルト製・布製）テープの芯リング他
　【お世話遊び・ごっこ遊び】布団・まくら　スカート　帽子　スリッパ　手提げバッグ他
　【牛乳パックで作った物】椅子　積み木　蛇腹　パクパク人形　階段　サイコロ他
　【段ボールで作る】パタパタ・個人スペース用仕切り　滑り台　座布団　テーブル　パズル他
　【布製の物】人形　指人形　手袋人形　人形用の洋服　起き上がりこぼし
　【指先遊び】フェルト製のスナップつなぎ　マジックテープつなぎ　型はめ　絵合わせカード他
　【音が出るおもちゃ】マラカス　ガラガラ　鈴やボタンの入った箱　でんでん太鼓他
　【フェルト製の物】積み木　引っ張りロール　魚釣り
　【ペットボトル】乗り物（電車・引き車）　水時計　スノードーム他
　【マット・くつろぎ・感触】ウォーターマット　風船マット　お風呂マット他

⑦手作りおもちゃの良さ ·································

　【豊富なアレンジ】
　・子どもの興味や関心・発達に合わせることができる
　・見立て遊びが広がる・子どものイメージでどんなものにも見立てられる
　・バリエーション豊富に作れる
　・季節感を取り入れられる

【速さと量】
・今必要なものをすぐに用意できる
・今経験させたいことをすぐに用意できる
・同じ種類のものをたくさん作れる

【素材】
・様々な素材に触れる経験ができる
・日用品で作れる・子どもが拾った自然物で遊べること
・廃材を使うことで工夫して遊ぶ楽しさを知ることができる
・既製品にはない素材でシンプルな色やデザインのおもちゃを用意できる

【保育士の思い】
・温かみのある素材・色を選ぶことができる
・ぬくもりがある
・保育士が込めた思いを子どもが喜んで遊んでくれるのに嬉しさを感じる
・指の動きなど、取り入れたい動きを意識した遊びができる
・じっくりと遊べる・個人で遊ぶものが多く自分のペースで遊べる

【衛生・安全】
・身近な素材で安心・安全に遊べる。衛生的（洗濯可）
・アレルギーの子も安心して使える

【感触】
・思わず触ってみたくなる感触で作ることができる
・心地よい感触である（手触り・肌触り）
・様々な感触を楽しめる

【メンテナンス】
・遊びの様子を見ながらすぐに直したり修正できる
・作り変えることができる・変化させることができる

⑧何を使って絵を描くか　⋯⋯⋯⋯⋯⋯⋯　⑨何に描くか

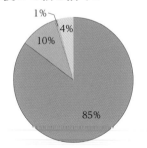

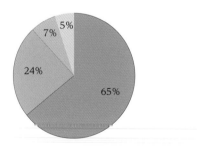

■クレヨン　■水性ペン　■色鉛筆　□その他　　　■1人1枚　■テーブルに模造紙　■床に模造紙　□その他

　絵を描くときには、85％の園でクレヨンを使っています。
　また、一人1枚ずつの紙に描くが65％と最も多く、次にテーブルに敷き詰めた模造紙に描くが24％、床に敷き詰めた模造紙に描くは少数でしたが7％ありました。

⑩⑪保育室内の環境整備、配慮 ···

【環境としての装飾、展示】
・自然物や季節のタペストリーを飾って四季を感じられるようにしている
・戸外遊びや絵本等で子どもが見たり触れたりした経験のあるもの等を製作し、壁画装飾することで、作る楽しさや見る楽しさを感じられるようにしている
・夏は空間に布を貼り、天の川に見立てたものに星を飾ったり、子ども達が作った魚などを飾り、海の中で過ごしている様な雰囲気を再現する
・子どもの作品は受け入れ場所に飾り、保護者と子どもが一緒に見られるよう工夫している

【コーナーにあわせた装飾】
・手洗い場には手洗いがしたくなるような動物が手洗いしている絵の装飾をしている。食事スペースには食材の装飾などをしている
・室内のあちこちに行って触れたりいじったりできるよう様々な素材や形の遊具を高さも変えて設置する。同じものを2つは用意する
・親子写真をクラスに貼って見たり、指差したりして安心できる場所にしている
・落ち着けるスペースに天蓋を設定し天井を低くしている。天蓋には季節に応じた装飾をしたりモビールを下げてゆったりとしたり、揺らぎを視覚で楽しめるようにしている

【光で遊ぶ】
・日の光に気づき楽しめるよう窓やテラスのサンキャッチャーを置く
・ステンドカラーシールを利用し窓から差し込む光が床に映るのを楽しんでいる
・光が差し込む場所にモビールなど揺れる物などを飾る

【光の環境】
・日中はテラス側のカーテンを開け、光を取り入れられるようにし、午睡時にはレースカーテンを閉めてやわらかい光が入るように調節している
・いつでも暖かい日や光が入るように窓の付近には物を置かず、窓辺をすっきりさせる

【色の環境】
・部屋の中にあるものが多色になりすぎないようにし、淡い色合いで家庭的な雰囲気にする
・十数色のカラーボトルや同じ種類で色違いの人形を目線の少し上の方に並べ色が楽しめるようにしている

【音の環境】
・午睡時、ゆったりとしたオルゴールを流している
・室内で過ごすときには、保育士の声の大きさやことばのかけ方（近くで声をかける）に気を付け、保育士の声で遊びが中断されないようにする
・静かに遊ぶ部屋、音楽を鳴らして遊ぶ部屋など遊びに合わせている

【風を感じる】
・天井からは風を感じ、揺れて楽しめる季節のものを吊り下げる
・テラスにすのこを敷き、出られるようにして心地よい外気や光を感じられるようにする

2　新入園児および進級児の保育

①慣らし保育（慣れ保育）の期間

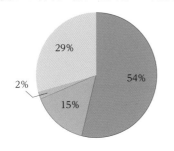

29%

2%

15%

54%

■1週間　■10日位　■2週間以上　■その他

　慣らし（慣れ）保育の期間は、1週間が半数以上の54%でした。その他には、保護者や子どもの状況を見ながら1～2週間程度という回答が多くみられました。

【初日の過ごし方】
・慣れ保育は子どもの様子、保護者の就労状況に応じて行うが、初日は親子で一緒に過ごす時間は1時間程度あるいは食事までが多い
・母と離れて1時間過ごし、その後はその子の様子や復帰の日程をみながらすすめている
・保護者と共に半日（食事まで）過ごしてもらい、家庭での食事の様子等を聞く

【子どもの様子を第一に保護者の要望を聞きながら】
・仕事復帰や保護者の思い、子どもの様子に合わせて保護者と話しながらご家庭に合わせて進めている。また、子どもの様子を保護者に伝え保護者の思いも聞きながら無理のないように進めている
・担当保育士が主に関わりながら、発達段階や生活の実態、情緒等子どもの姿を把握し、保護者と離れてもできるだけ安心して園生活をスタートできるようすすめる
・保護者との食事の様子を見たり、園内で保護者と過ごすところから始め、段階的に保育時間をのばしていく
・家庭で生活してきた様子を丁寧に聞き取り、子どもの好きなものや安心できるものを見つけていく
・保護者にまず安心して園に預けてもらえるよう信頼関係を作っている

③慣らし保育（慣れ保育）の配慮 ···

【担当保育士がつく】
・担当保育士がゆったりした気持ちで接していき、安心できるようにする。興味のある遊具に
　誘ったり、抱っこしてスキンシップで安定を図る
・少人数で部屋を分け、落ち着けるようにしている。保護者とよく話をし、子どもが安心感を持
　てるようにする
・好きな遊び（玩具）を聞いておき、一緒に行う。安心できる物があれば活用する（タオル、ぬ
　いぐるみ等）。泣いて水分もとれないような場合は、無理せずに保護者に連絡をして迎えに来
　て頂く
・すぐに外には出ず、部屋で少人数で遊ぶ時間を持ち、部屋に慣れ安心して過ごせるようにす
　る。保護者にも様子を丁寧に伝えていく

【信頼関係】
・保護者は色々と心配事や不安なことがあると思うので、できるだけこの期間にコミュニケー
　ションをとり、信頼関係を築きながら安心・信頼につながるようにしている
・家庭での状況を聞きながら、落ち着くまで１対１での対応を心がける。「出会い保育」を通し
　て、子どもだけでなく保護者にも保育園に親しんでもらえるように配慮する。保育士も保護者
　のことをより知ることのできる期間として信頼関係につなげていく

④進級児の保育の工夫 ···

【保育者の配置】
・持ち上がりの担任と共に落ち着ける環境で過ごしながら、新しい保育者や保育室に慣れていけ
　るようにする
・持ち上がりの保育士を中心に関わるように遊びや食事のグループを分けたり、体制を整えたりする
・新入園児チームと進級児チームに分かれて保育し、持ち上がり担任と共に安定して過ごせるよ
　う保育している
【安心できる環境】
・環境の変化を感じないようにするため、新入園児と遊びや生活の場を分けたり、少人数保育を
　したりしながら安心して過ごせるようにしている。一人ひとりの気持ちを十分に受け止め寄り
　添っていく
・コーナーに分けたり、時間差をつけるなどして安心して過ごせるようにしてきた
・子どもだけではなく保護者も安心・信頼してもらえるように、送迎時間の時や連絡ノートを活
　用して子どもの様子などの話をしていく

◆分ける環境
・新入園児が保護者と過ごしている間は、できるだけ別の場所で過ごしていけるよう配慮する
・４月～６月頃までは、受け入れ～遊び・午睡～お迎えまでは新入園児とは分かれ活動してい
　る。子ども達の発達状況を見極めて、受け入れ及び午睡以降は新入園児と進級児は一緒になり、
　活動内容によって２グループに分かれて遊ぶ

◆泣き声の不安から守る
・新入園児とは時差をつけたり空間を変えたりして、新入園児の泣き声につられない工夫をする
・新入園児が泣いていても、保育士が傍で見守り声をかけ安心できるようにしていく
・持ち上がり職員が担当し、動揺なく過ごせるようにしている。新入園児が激しく泣いている状況があれば、過ごす場所を分ける・空間を変えるなど、不安な気持ちが進級児にまで及ばないよう配慮する
・0歳児室を利用して食事の時間は、数日間、新入園児と進級児を分ける。進級児が泣き声や他の保護者の存在が気にならず食事ができるようにする

◆慣れた環境、落ち着く環境
・進級前のクラスで遊んでいた玩具をいくつか新しい室内に設定し、継続して遊び、安心して過ごせるようにする
・進級する前より保育室に遊びに行き、午睡をしてみたりし、保育室、玩具に慣れるようにする
・遊び慣れた玩具等、慣れた環境に似た環境を設定して落ち着いて過ごせるよう配慮している
・年度末、2～3日前より新保育室で過ごし、子どもの環境への順応や保育士の動線の確認などをし進級時に落ち着いて過ごせるようにしている
・時間差をつけておやつや食事をとり、落ち着いて過ごせるようにしている。新入園児はまず部屋に慣れてから外遊びへ誘っているが、進級児は散歩に誘ったり庭遊びをするなど新入園児とは変えるようにしている

3　担当制について

①担当制実施の有無　　　　　　　　　②実施している理由

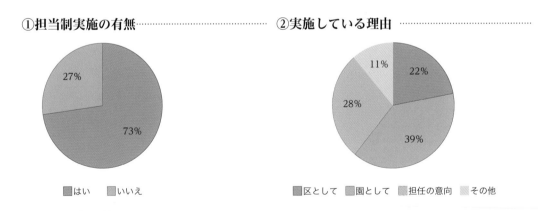

　担当制を実施していると答えた園は73%で、実施理由は、園の方針が39%と最も多く、次に担任の意向が28%、区の方針が22%でした。

③担当制の分け方

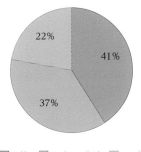

■月齢　■子どもの発達　■その他

④何グループに分けているか

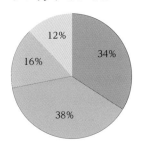

■2 グループ　■3 グループ　■4 グループ　■その他

担当制の分け方は月齢と子どもの発達に合わせてが、それぞれ 41％、37％とほぼ同程度で、グループ分けは 3 グループが最も多く 38％で、2 グループが 34％でした。

⑤担当制の範囲

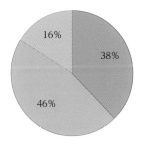

■全て　■部分的　■その他

⑥担当制を行う期間

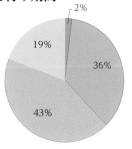

■2 歳まで　■1 歳児最後まで　■2 歳児最後まで　■その他

担当制の実施範囲は、部分的が 46％で最も多く、全ても 38％とかなり高い割合となっています。実施期間は、2 歳児最後までが最も多く 43％、1 歳児最後までが 36％です。

⑦担当制の目的

【安心・情緒の安定】
・特定の保育士が関わることで子どもが安心して過ごせるようにするため
・数人の保育士がいる中でまずは一人の保育士と安心できる関係を築き、そこから他の保育士や他児との関係につなげるため
・安心して生活を送ることができる
・食事や着替えなどを同じ保育士が担当することで安心につながると考えるため

【信頼関係】
・乳児期の子どもにとって、信頼関係のある大人との生活が発達に大きな影響があるため、信頼関係を築きやすい担当制をとっている
・少人数で活動することによって担当保育者と信頼関係を築き、落ち着いて過ごすことができる

【丁寧な関わり】
・子どもと保育者の関係や、生活面の着脱・排泄・食べ方などをしっかりみて保育するため
・同じ保育士が関わることで生活面等子どもの様子を把握し、継続した働きかけができる
・表情や仕草から子どもの要求や思いをくみ取り、丁寧に気持ちを受け止め満たしていく。一人ひとりの姿を捉え、その子に必要な援助やタイミングを適切に行い、発達を促していく
・体調面など、普段と違う子どもの様子に気づきやすくなる

【月齢発達に合わせた保育】
・子どもの発達や生活リズムに合わせたグループで過ごすことで、それぞれに合った活動や保育をしていくため
・個人個人の発達・育ちを、経過を追って見て、一人ひとりに合った遊びや生活面でのねらいを計画し、育ちを支援していくため
・月齢差、発達の差が著しい1歳児期なので、グループに分けて活動することで発達に合った遊びの提供ができ、それぞれの遊びを保障できる

【子どもの思い】
・家庭的な雰囲気の中、少人数で子どもの小さな声をひろい、子どもの気づきに共感し、異変にすぐ気づけるようにするため
・個々の要求や声にしっかりと耳を傾け、温かく応答的な保育を行うため
・少人数で過ごすことで、生活面を丁寧に見ることができたり、一人ひとりの声をきちんと聞くことができ、落ち着いて過ごせる

【保護者支援】
・子ども及び保護者の個性や特徴を十分に把握でき、より丁寧な対応をすることができる
・保護者対応も担当が行うことで、保護者との関係も作りやすい
・保護者と信頼関係を持ち、安心して預ける子育ての悩みなど相談できるため

⑧子どもの共通理解や職員間の連携の工夫 ······································

【会議】
・午睡時間を利用し、クラス職員で午前の保育の振り返りを行い、翌日や翌週の活動予定を決めていく。月のカリキュラムに載せる内容について職員間で意見を出し合い、個々の子どもの姿を伝え合い、対応を検討している
・クラスの引き継ぎ表やホワイトボードを使用し、毎日の子どもの様子や連絡を把握している
・前日とその日の朝に流れの確認をしている

【記録やボードの活用】
・クラス打ち合せ、その日の伝達ノート、ホワイトボードにマグネットを使用し、子どもの動きがどの保育士にも分かるようにしてあるものを部屋に置いている。それ以外にも長時間保育で色々な保育士も関わるため、何かあれば職員会議や連絡ノートで伝達するようにしている

【日々のコミュニケーション】
・クラス打ち合わせだけでなく、その日に感じたことをできるだけタイムリーに話せるように昼の時間を使ってその都度話をしている。一人ひとりが意識をもち、疑問に思ったことはそのままにしないようにしている
・日頃のコミュニケーションを大事に、子どもや保護者のことなど、情報共有している。クラスボードや、クラスノートを活用し、伝達漏れがないように気を付けている。正規職員のみではなく、非正規職員にも必要な事は伝え、共有している
・保育中も声をかけ合い、子どもにとって一番よい動きができるよう心がけている

【その他】
・児童票の発達欄のチェックを一緒に行い、共通の認識で保育が行えるようにしている
・担当制ではあるが、子どもの様子に合わせてメンバーを入れ替えたり一緒に遊びながら、子どもを保育することで、職員全体で見て共通理解できるようにする
・子どもに対しても保護者に対しても肯定的に受け止め、寄り添い共有できるようにする。良い所を見つけてほめるようにする
・「やりたい」も「やりたくない」も見守り、待てるようにしている。関わる大人が変わることで気分を変えられることもあるので、臨機応変に対応するようにしている

⑨担当制をしていない理由 ....

【少人数保育】
・たくさんの職員がかかわることで、子どものいろいろな面を見つけることができるためクラスを大きく2つ分け、それを細分化している
・少人数でゆったり過ごしているので、子ども全体に目が行き届いている。子どもが大人を選ぶこともあり、子どもの興味や関心に応じて分散して遊ぶことが多々ある。子どもの状況に応じて（特定の職員のかかわりを求める場合等）配慮して可能なかぎり同じ職員が関わることもある

【子どもの主体性】
・その時の発達、興味や子どもの姿を共有し、安心して過ごせる大人と生活、遊びをできるように連携しているから
・子どもの主体性を重視しているので、保育士は遊びにつくというイメージなのでクラス全員と遊ぶようにしている
・子どもが求める大人が対応することで安定につながる
・担当制に縛られないことで、担任皆で全員の子どもを受け止め、把握ができた

【デメリットの回避】
・担当の保育者が不在だった場合にその担当の子どもが不安になってしまうため。様々な大人と関係を築けるようにするため

【発達】
・世界を広げていく時期でもあるので、担当制をせず、それぞれが愛情をもって接するようにしている
・少人数クラスのためアットホームな雰囲気の中で保育ができている
・子どもが色々な職員と関わることで学びや遊びの広がり、心の安心など得るものが多いと考えるため
・関わり方・ねらいを統一していろいろな保育者が関わることが大切と考える

【体制】
・職員の経験年数や経験値もさまざまなため

【大人同士の共有】
・担任全員が一人ひとりの子どもと信頼関係を築けるようにするため
・クラス担任としてまんべんなく関わりがもてるようにし、すべての子どもを把握できるようにと考えている

【複数担任のメリットの活用】
・色々な保育士が関わることで見えてくることもあるので、子どもの興味やその日の状況により、少人数で過ごすメンバーも入れ替えている。状況でどんどん入れ替えて遊ぶようにしているので、特定のメンバーに固定はされない
・いろいろな職員に早く慣れるようにすることも大切なので

【必要度】
・担当制にしなくても安定した環境が作れ、少人数で保育ができる
・職員のかかわり方や保育のやり方の工夫で、子どもが安心して過ごすことができるため

⑩子どもの共通理解や職員間の連携の工夫 ··

【会議】
・朝、昼、夕方に短時間で打ち合わせを行い、認識を共有する
・毎日、昼礼を行い、子どもの様子、保護者に伝えること、次の日の活動予定等を話し合っている
・他クラス間ではクラスリーダーの集まる会議にて伝え合っている
・リーダー会で園全体の体制を考え、各クラスの動きを把握する

【記録の活用】
・クラスノートを使い、職員間や保護者への伝達漏れを防いでいる
・児童票記入の担当者を適宜交代して、子どもの姿を偏りなく把握できるようにしている
・日誌や児童票など他の保育士が書いた文章に目を通すことを心がけている
・細かい変化や自分が得た情報は記録し、すぐに共有する

【日々のコミュニケーション】
・"知っているだろう"と思うことでも、もう一度声に出して確認し、子どもや保護者の理解を深められるようにしている
・アイコンタクトや声かけを行い、連携を密にする
・一日の中で様子を伝え合い、それぞれの職員がどのように子どもと関わりその子の姿を捉えているかを知る機会を必ず持つ
・連携は立ち位置や保育を進めるなど、声に出して伝えたり相手の動きを見て自分が補うような動きをしている。心配な時は午睡中など、話せるときに互いの考えを確認し合い迷いをなくしている
・子どもの些細なエピソード、面白かったこと、かわいかったことを伝え合う

【役割分担】
・リーダーとサブ、雑用などそれぞれの仕事内容を明確にして、交代でできるようにしている
・フリーになった保育士が両グループに交代で入るようにしながら、動きを把握するようにしている

【環境】
・2グループに分かれて保育をしているが、隣の保育が見えるよう部屋の仕切りを低くしている

【保育者の思い・その他】
・動きの確認や流れの作り方など、「子ども達にとって…」を基本に考える
・ホワイトボード上で子どもの名札を動かし居場所や配慮などの見える化をしている
・常に子どもの良さを認め合い、また、難しい対応の子に関しては、一人で抱え込まずに皆で協力して最善策を見出していく

4　1歳児の行事参加

①行事参加

【夏祭り】
- ・園全体の夕涼み会（平日の夕方、親子参加で実施）には親子で参加している
- ・2部制にし、乳児・幼児に分けて参加
- ・土曜日の午前中に開催。親子で参加。希望制
- ・1歳児の日程を設け、1歳児室前の廊下に店を出し、移動等の負担のないようにしている
- ・少人数のグループで参加し、買い物の体験を楽しんでいる。盆踊りは乳児の3クラスで行っている
- ・時間で区切り、全面参加
- ・お店屋さん、盆踊り、おみこしの応援など、部分的に参加
- ・幼児中心の活動、時間帯以外で雰囲気を楽しめるような参加をしている
- ・父母会主催の夏祭りに保護者と一緒に参加する
- ・自由参加で保護者と一緒にお店を回る

【運動会】
- ・保護者と一緒の席で待ち、親子で参加
- ・乳児競技を作り1・2歳児クラスの自由参加。晴れていれば園庭にてその時間参加できる形をとっている
- ・0歳、1歳、地域のお子さん含め乳児競技として自由参加
- ・クラスの出番の時と興味に合わせて無理なく他クラスの競技も見学している
- ・自分たちのクラスの演目が終わったら降園する
- ・2部制になっており、1歳児は1部のみ参加（1部は保護者と一緒に運動遊びを楽しむ）
- ・参加していない（装飾の万国旗を飾っている）
- ・幼児とは別日で保育参加のような形でクラスで行う

【発表会】
- ・幼児クラスの発表会を、園児鑑賞日に鑑賞するのみ
- ・1歳児クラスの部屋で親子参加型で発表会を行う
- ・「親子で遊ぼう会」という名称で、親子で楽しめる内容で実施。工作、ふれあい遊び等
- ・保育参観の中で劇遊びを保護者に見てもらう
- ・午睡中に保護者会を実施し、午睡明けから「親子で遊ぼう会」とし、子どもの成長を見てもらっている
- ・自分のクラスのみ参加

【卒園式】
- ・式終了後の退場、廊下で花道を作り見送る
- ・制作物を飾ることでお祝いの気持ちを示している
- ・式の途中より在園児からの歌のプレゼントのタイミングで入場し、少人数のみ参加
- ・卒園児にプレゼントを渡している
- ・お祝いのことばを言う時に、2〜3分程度参加
- ・会には参加しないが、総練習等で見せてもらう（少人数ずつ）
- ・2部形式で行い、式が終わった2部に参加する

②その他の全体行事

【季節の行事】
子どもの日・七夕・お月見・ハロウィン・クリスマス会・鏡開き・新年子ども会・節分・ひな祭り

【毎月実施】
誕生会・避難訓練

【その他の行事】
入園式・プール開き、納め・スイカ割り・引き取り訓練・お店屋さんごっこ・秋祭り・焼き芋会・お楽しみ会・お別れ会・進級式
敬老会
父母会主催の交通安全教室や音楽会
土曜日に父親と遊ぶ会を乳児・幼児別に実施している
収穫祭
開園記念日

③誕生日のお祝い

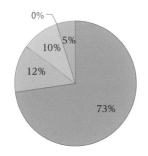

質問項目
・その子の誕生日にお祝いしている
・月ごとにお誕生会をしている
・誕生日カードや誕生日バッジのみあげている
・お祝いはしていない

■誕生日 ■誕生月 ■バッジのみ ■していない ■その他

　誕生日のお祝いは、当日にするが73％と圧倒的に多く、誕生月に実施する、誕生日カードやバッジのみは、それぞれ12％、10％と少数でした。また、しないという園はありませんでした。

5　食事について

①食事をする場所 ·····

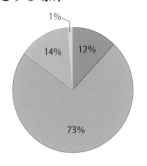

■専用スペース　■専用＋遊び　■遊びスペース　■その他

質問項目
・専用スペースで食べている
・専用スペースであるが、遊びのスペースとしても使用している
・食事の時間帯に、遊びスペースにテーブルとイスを出して使用している
・その他

　食事の場所は、専用スペースが73％と大半でした。

②食事のときの保育士の配置 ·····

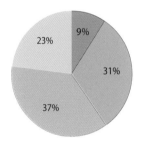

■1対3　■1対4　■1対5　■その他

　保育士配置は、1対5が37％と最も多く、次に1対4が31％、1対3は9％と少数でした。その他では、月齢や発達に合わせて1対4と1対5の併用など複数のパターンがあるなどでした。

③食具の使い分け ·····

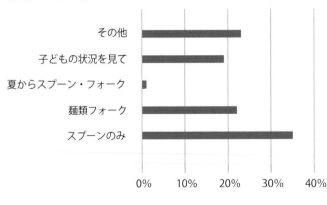

質問項目
・1年間スプーンのみを使用している
・麺類の時のみフォークを使用している
・夏からスプーンとフォーク両方使用している
・子ども達の状況に合わせて両方使用する時期を決めている
・その他

　食具は、スプーンのみ35％、麺類のときのみフォーク使用が22％、子どもの状況に合わせて19％、夏からスプーンとフォーク使用1％のみでした。

④食物アレルギーの子の数 ‥‥‥‥‥‥‥‥‥‥‥‥‥‥‥‥‥‥‥‥‥‥‥‥‥‥‥‥‥‥‥‥‥

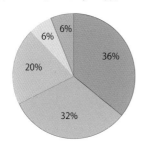

アレルギーは、1人が32%、2人が20%で、半数以上の園で1人以上の食物アレルギー児がいるという結果でした。

■いない　■1人　■2人　□3人　■その他

⑤アレルギー食の誤食を防ぐ工夫 ‥‥‥‥‥‥‥‥‥‥‥‥‥‥‥‥‥‥‥‥‥‥‥‥‥‥‥‥

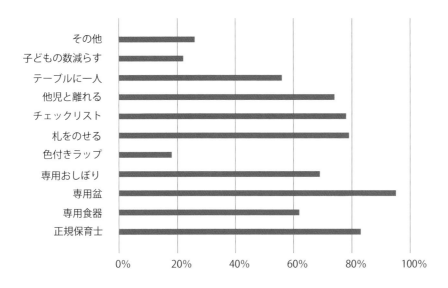

質問項目
・正規保育士が食事にあたっている
・専用食器を使用している
・専用のお盆を使用している
・専用のおしぼりや台拭きを使っている
・色のついたラップをかけて区別している
・札をのせている（名前、アレルゲンがわかるように）
・チェックリストを使用している
・他の子と離れて座っている
・テーブルに一人だけ座っている

　誤食を防ぐ工夫（複数回答可）は、多い順に専用のお盆95%、正規保育士の対応83%、札をのせる79%、チェックリスト78%、他児と離れる74%、専用おしぼり69%、専用食器62%、テーブルに一人が56%と半数以上でした。

＊自治体ごとの「食物アレルギー対応マニュアル」に基づいて対応する

【献立確認の仕方】

◆毎月
・毎月、翌月の献立確認をアレルギー児の保護者・園長または副園長・調理師・担任で行っている。献立表に記入する
・事前に園内で打ち合わせをしてから、保護者を交えての打ち合わせを設けている
・保護者にアレルギーメニューを確認してもらい、サインをもらう

◆前日
・前日に調理師と献立確認をしている。
・保育室のボードに記入

◆当日
・朝礼で園長または副園長、担任、栄養士、看護師、調理員の参加でアレルギー児の献立を確認し、全体に周知している
・調理担当者が、除去メニュー、アレルギーメニューの確認を調理、盛り付け、提供者の3段階チェックを行っている
・配膳前には担任間でメニューの確認をし、チェック表にサインをする

【提供時の確認】
・調理室から受け取る時に確認、配膳時に声を出して確認し、担任間で共有する
・決まった保育士が調理室にワゴンを取りに行き複数の目で確認をする。例えば、担任・栄養士・調理員・園長または副園長　＊必ず正規職員が対応
・受け取り時に保育士がメニューの内容、代替えの内容を声に出し、調理員が復唱し、ダブルチェックを行う
・一番にアレルギー用の食事をとりに行き、保育室の決まった場所に保管する
・担当保育士が、毎回、除去食用の献立を見ながら、調理員・食べさせる以外の保育士と確認する
・エレベーターから受け取る際、調理室と内線で献立表（配慮等をアレルギー打ち合わせで記入したもの）を見ながら確認する
・アレルギー児専用テーブルワゴンの使用

【提供時の工夫】
・アレルギー児の席は固定し、その子が休みでもその席は使用しない
・アレルギー児は、一番先に食事をする
・食事は交代制を実施しており、アレルギー児は必ず1番目のグループで食べる
・アレルギー児は、1番最後に食事をする
・子どもが席に着いてから担当者が配膳し、そこから離れないようにしている
・2人のアレルギー児が1：1で食べられるように時間差をつける
・専用のテーブルと椅子を使用する
・食物アレルギーのため除去対象食材が一致している子ならば同テーブルとする
・3大アレルゲンを除去したアレルギー共通献立を立てる
・食事中の介助者は離席しない（離席する時は他の保育士に申し送りする）

【トレー等】
・トレーはアレルゲン別に色分けしている
・専用トレーに顔写真・名前をつけている（マグネット式）

　　・専用のふたをお皿にかけて区別している
　　・除去食がある時は、そのメニューのみ、色のついた皿を使用する

【ラップ】
　　・ラップをかけ区別する　＊混入防止含む
　　・除去の食材と、子どもの名前を記入する

【おかわり】
　　・調理員との確認のもと、担当職員が再度確認して提供する
　　・アレルギーのないメニューでも専用トレイ以外のおかわりは提供しない
　　・アレルギー児のおかわりは、アレルギー専用または無しで対応している

【食後の工夫】
　　・アレルギー児は食べ終えた後、食事スペースにとどまらない
　　・食後全員が着替えをする
　　・アレルギー食が出た時は、アレルギー児以外の着替えを食後に必ず行い、食べこぼしが床に落
　　　ちないようにするとともに、掃除を丁寧に行う
　　・子ども一人ひとり全員が手を石鹸で洗い、服についた物を落とし、足の裏も水拭きする
　　・アレルギー児以外の子どもの足裏についた食品を拭いてからアレルギー児に合流する

【その他の配慮】
　　・災害時の避難等に備え、アレルゲンを記入したビブスを用意し避難リュックに入れる。
　　・職員は、室内ではスリッパを履くようにし、靴下に食材がつかないよう配慮する。

⑥食事で大事にしていること

【環境】
　　・楽しい雰囲気の中で食事を楽しめるようにしている
　　・少人数であたたかく家庭的な雰囲気で食べている
　　・自分の座席を決め、いつも決まった場所で、安心して食べられるようにする
　　・食べたい子から席につく
　　・好きな子同士隣り合わせにする

【方法・食具・椅子】
　　・少しずつ自分で食べられるように食具の使い方を丁寧に伝える
　　・一人ひとりに合った食事の形態、好みや食べられる量を把握して配膳する。また一口量を口に
　　　入れ、よく噛んで食べるように繰り返し伝えることを基本に進めている
　　・一人ひとりに合った椅子・テーブル、食具の準備と個別の対応をする中で、食べる意欲と喜び
　　　を膨らませる
　　・椅子は高さが合うよう、背もたれや足置き等を使用して調整する
　　・正しい姿勢になるよう、さり気なく足を揃えさせたり、背中をまっすぐ伸ばさせたりする
　　・箸のもち方や手の返しを見越して食具を使用する
　　・深皿を利用し食べやすくすることで、自分で食べてみようとする気持ちにつなげることを大切
　　　にしている

◆マナー
・盛り付けられものをそのまま子どもに提供している
・子どもが食べたいと思う気持ちを大切にしたいので、あまり無理にすすめていない
・成長にあわせて左手を器にそえたり、スプーンのにぎりをなおしたり、こぼしたこと、手が汚れていることに気づくよう声をかけている

【清潔】
・食べこぼし等は速やかに片付け、清潔な環境で食事ができるようにしている
・食事前や時間差をつけるために同じテーブルを使う場合等には、塩素タオルで消毒するようにしている
・職員の共通理解のもと、衛生面の向上を図っている

【関わり・配慮】
・好きなものから気持ちよく、意欲的に食べられるようにする
・「おいしいね」などの共感も大事にしている
・色々な食材に触れられるようにする
・苦手な食材を食べることができたときは職員全員でほめて、食べられたことの喜びを感じることができるようにしている
・一人ひとりの生活リズムや食べられる量、ペースを把握し調整する
・食べ方について知らせる時は子どもにわかりやすい表現で伝える
・空腹感を持って美味しく食べる
・生活リズムを整え、日中しっかり活動することで自然とおなかがすくリズムを作っていく

◆苦手なもの
・楽しい雰囲気でいろいろな味を知ってほしいが、抵抗のある食材は個々に合わせて勧めるようにしている　＊完食を絶対の目的にしない
・好きなものだけでも食べ、「おいしいね」「楽しいね」「うれしいね」という経験。苦手なものは「これおいしいよ」と勧めているが、無理に食べるようにはしない
・決して無理強いせず、楽しい時間になるような雰囲気作りをする
・食べ慣れない食材等は、少しずつ興味が持てるようなことばがけや苦手な物もテーブルに並べ、目で見たり一口すすめたり経験できるようにする
・様々な食材、調理方法に慣れ、苦手なものでも一口は食べてみる
・苦手なものなど、好き嫌いも子どもの個性ととらえ、「今度食べようね」等、前向きな声掛けを行っている
・口の中に詰め込みすぎない、ため込まないよう留意し、ごちそうさまの時に口の中に残っていないか、咀嚼をしているか、眠くなっていないか、を確認する
・誤飲の危険性を考えながら、口に入れる量や大きさをよく見る
・食事中眠くなってしまう子は、食事前10分弱仮眠し最後まで食べられるようにしている

【保護者対応】
・咀嚼力の確認をしながら大きさを調整し、力を高めていけるよう家庭と連携する
・家庭での食べ方や好み等様子も保護者に聞き、援助の参考にしている
・アレルギー対応は、他児と違う食器やメニューになるので、心のケアも心掛けている

6　排泄、午睡について

①おむつの取り扱い　②おむつの処理　③排泄の場所 ··

　おむつは、ほぼ全園（99％）が家庭からの持参で、処理は、98％が保育園で行っています。また、90％が乳児用の便器でした。

④午睡チェックや午睡時の対応 ··

- ・5分に1回、舌圧子で呼吸をしているかを確認し、午睡チェック表に記入する
- ・睡眠チェック表を使い、（入園、進級直後は5分おき）通常10分おきに呼吸、身体の向き、顔色を細かく確認し見守っている
- ・午睡当番が、たすきを掛け、10分ごとに睡眠観察をし、子どもの様子を確認している
- ・午睡チェック表…10分おきに寝ている姿勢状況、1時間ごとに室温・湿度をチェックしている
- ・寝る場所を一定にしている
- ・顔色や体調の変化がわかりやすいように室内の明かりの調節をして見守る
- ・うつ伏せや布団が顔にかかっていないか見ていく
- ・熱性けいれんを罹患している子は午睡前に検温する
- ・咳がたくさん出ている時は頭を高くし調整する
- ・緊急事態に備え、事務所につながるベルを持っている

⑤排泄、午睡について大事にしていること ··

　【排泄】
- ◆誘い方、タイミング、間隔、ペース
  - ・日々の子どもの様子を見ながら、おむつ交換の時に濡れていなかったり、便器に興味が出てきている子には、便器に促すような声かけをしている
  - ・子どもの排泄のリズムを把握し、遊びが途切れないタイミングで誘いかける
  - ・トイレに座ることに興味を持ち始める時期なので、気持ちを受け止めつつ、遊び始める前に、次につながるように切り上げていく

- ◆心地良さ、気持ちよさ、声かけ、スキンシップ
  - ・おむつ交換時に「おしっこでてたね。きれいにしようね」等、声かけをしながら、おむつを替えることが気持ち良いと感じられるようにする
  - ・一度嫌な思いをしてしまうとトラウマになってしまうので、楽しい雰囲気の中で安心して行えるようにしていく
  - ・自分で排泄したことを知らせたら、大いに褒めている
  - ・排泄の有無に関わらず、便座に座ることができたら、大いに褒め、トイレへの興味を持てるようにする

◆肌や体調のチェック
　・おむつ替えの時には、肌の様子等をチェックする
　・一人ひとり個別対応し、便の様子、体の様子を見る

◆環境作り、場所、プライバシー
　・トイレに行きやすいように環境も整えている (トイレに親しみやすいようにキャラクターを貼る等)
　・室内でおむつ交換をする時はコーナーを作り、つい立てを用いて外部から見えないよう配慮している

◆保護者との連携
　・家庭と相談をしながら、子どものペースに合わせて無理なくパンツへの移行を進めている
　・家庭にも理解してもらう為に、プリントを配布したり丁寧に話をする

◆その他
　・感染症対策として、直接お尻がつかないよう、防水シートを使用 (毎回取りかえる)、下痢などの症状がある場合は消毒を行う

【午睡】
◆布団の位置、場所
　・落ち着いて眠れるよう、子どもの様子に合わせて、布団の位置を工夫し保育者がそばについて安心して入眠できる流れを作っている
　・早く起きる子、なかなか入眠できない子、途中で泣くことがある子は、布団の位置に気をつけている
　・場所を固定して、子どもが常に同じ場所で安心して眠れるようにしている

◆環境、個々のリズム
　・嫌々ではなく、自ら布団に向かえるように、午前中しっかり身体を動かす活動や満足して遊べる時間を保障する
　・子守唄を歌ったり、とんとんしたり、そばで見守り安心して入眠できるようにしている
　・その子の生活リズムや眠る時の癖を把握し、安心して眠れるようにしている

◆室温、換気、配慮
　・換気や室温、音など環境に配慮する
　・配慮が必要な子どもは、入口側に寝かせ、変化にすぐ気づき対応できるようにする (呼吸器疾患の子どもは、特に注意する)
　・子どもの顔色が把握できるよう、室内は適度な明るさにする
　・布団の周囲や頭部の近く、棚の上などに物を置かないようにするなど安全面に注意している

7　散歩について

①散歩の時の大人の人数 ....

　保育士：子どもの人数は、１：３が32％で、その他が61％で、子どもの様子や目的に応じて人数が変わるという結果でした。

②避難車の使用時期 ....

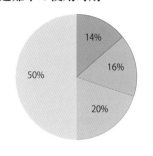

■夏前　■秋まで　■通年　■その他

　　　　　　　　　通年が20％、秋までが16％で、半数が散歩の場所や目的に応じて変わるという回答でした。

③散歩で大事にしていること ....

　【楽しい、解放感】
　・また行きたい、〇〇やりたいと思って歩いて行けるようにしていく
　・戸外だからこその解放感、ドキドキ感、楽しい雰囲気（街の雰囲気なども含む）を大事にして、保育者自身も散歩を楽しむ

　【季節、自然、探索、発見、五感、感性、共感する】
　・同じ場所に繰り返し行くことで見通しを持てるようにする
　・保育室の中では出会うことのない花や虫など様々な自然との出会いがあり、それらに好奇心をもって見たり、触ったり、匂いをかいだりして五感を使うことにもつながる

　【歩行の安定、四肢】
　・広いところでのびのびと身体を動かして遊ぶ。凹凸、隆起、斜面になっているところ、芝生や土の上など平地だけでなく、様々なところを歩くことで身体のバランスを取る経験をし、脚力をつけ、歩行の安定を図る
　・広い場所で四肢を使って遊ぶ（芝生広場や丘などでよじ登り、寝転がりなど）

　【ことば、会話】
　・手をつないでいく道すがら、子どものつぶやきに耳を傾け、会話も楽しめるようにする
　・自然や園外の様々な事象を発見し、気持ちに共感し発語につながるようにしている
　・歩きながらや散歩先等で、子どもの声や指差ししている物を保育士も子どもの目線から一緒に見て、子どもの発見に共感し心の豊かさを育てていけるようにしている

【少人数、一人ひとりのペース】
・少人数（5〜6人）での散歩をし、一人ひとりのペースに寄り添いゆったりと過ごせるようにしている

【社会性】
・横断歩道の渡り方、信号の待ち方、白線内を歩くなど子ども達が意識できるようことばがけをしている
・地域の皆さんへ挨拶をし、コミュニケーションをとっていく

【ねらい、目的、計画】
・遠出の目的地の場合は、避難車を使用してたっぷり遊べるようにしたり、ゆっくり歩くことをねらいにした散歩の時は少人数で出かけたりする
・経験させたいことをしっかりクラスで共通認識して出発している

【安全、確認】
・子どもの健康状態や状況を把握し、靴のサイズは合っているか確認する
・常に人数を確認し、職員間で声をかけ合いながら、安全に楽しめるようにしている
・危険個所を事前に確認し、最初は無理なく少人数ででかける。職員が連携し合い、安全に楽しく散歩ができるようにしている。その都度、大人の立ち位置を確認し、全体が見えるように気を付ける

【手をつなぐ】
・子どもの歩行の完成具合を見て子どもの負担にならないように大人と一対一でつないで歩くことを丁寧に積み重ね、子ども同士手をつないで歩くというふうに進めていく
・手をつないで歩く時には、転びやすい子、まだ歩行が不安定な子などは、子ども同士で手をつながないことや、手をつなぐ相手を気を付けるなど保育士がしっかりと把握する
・友だちや保育者と手をつないで歩くことを、無理なく経験できるようにする

8　ヒヤリハットについて

①ヒヤリハットの内容

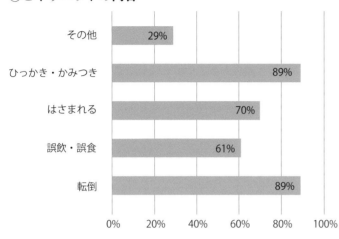

ヒヤリハットは、複数回答で、転倒とひっかき・かみつきが89%と最も多く、次に何かにはさまれるが70%、誤飲・誤食が61%という結果でした。

②かみつき・ひっかきに対する対応

【子ども】
・加害児には理由を聞いてから、相手が痛かったことや噛んだりひっかいたりすることはいけないことを伝える。どうすればいいか、かかわり方を知らせる
・噛みつかれたりひっかかれた子には、患部を冷やしたり応急処置をする。怪我の場所や程度によっては病院に受診する

【保護者】
・噛まれた子の保護者には、詳しく状況を説明し防げなかったことを謝罪する
・噛んだ子の保護者には（噛んだことは）伝えない
・噛んだ子、噛まれた子双方の名前を伝える
・加害児の保護者には相手の名前を伝える。被害児の保護者には相手の名前は伝えず、どちらにも防げなかったことを謝罪する
・加害児の保護者には基本的に相手の名前は伝えないが、続くときや保護者から要望があるときには伝えることもある
・被害児の保護者には加害児の名前は伝えないが、加害児の保護者には相手の名前を伝える

【職員間】
・ことばでうまく伝えられないで手が出たり噛んでしまうことは、１歳児の特徴で発達の過程であることをあらかじめ入園説明会や保護者会で保護者に伝える
・噛みつきひっかきが起きたら被害児、加害児双方に伝えることを保護者懇談会で園長が説明する
・爪をこまめにチェックしてもらい伸びていたら切ってもらう（爪チェックデーを設けて意識付けをする）
・遊びを見守ったり、一緒に遊びながら防げるように配慮している

9 『喜び・願い』（自由記述より）

子どもの笑顔
★子どもの笑顔が喜びです。子ども達は色々な事を全力で受け止め、喜び・怒り・悲しみを全身で表現してくれます。その姿がとても愛おしいです。
★子どもの笑顔は何にも勝るもの、笑顔を見ると癒されたり優しい気持ちになれます。その笑顔を引き出せた時には大きなやりがいを感じます。

子どもとの共感・初めての出会い
★子どもたちの初めてに沢山立ち会うことがある。昨日までできなかったことが、今日になって初めてできるようになるなど、その瞬間、瞬間はことばで表せないほど嬉しく感じる。
★子ども1人ひとりが毎日「楽しい」「嬉しい」などの感動体験を味わう瞬間に立ち会え、それを保護者とも共有できるときに喜びを感じる。

間近で見る成長・やりがい
★子どもが笑顔を見せてくれた時、「楽しい」「大好き」の気持ちが通じ合った時、キラキラとした目で遊びに夢中になっている時…など、この子どもたちと関わることができて幸せだと感じる瞬間はたくさんある。この積み重ねがあり、子どもの成長を近くで見ることができるから、保育士を続けることができたのだと思う。
★子どものつぶやきにほっこりした気分になったり一緒に遊んで共に楽しかったねと笑い合えたり子どもたちの成長（目に見えるもの、目に見えないものすべて）をそばで見ていられることがこの仕事をしていてよかったと思うところ。
★日々の全てが個性であふれている子どもたちとの毎日の中で、保育のおもしろさを教えてもらっている。
★乳児保育は人間形成に特に一番大切な時期だと思う。その子を大切に思えば思うほど愛しさというものが生まれ、よい関係が築かれる。忘れられない多くの感動もあり、気づきもあった。その中で自分自身が子ども達に育てられてきたように感じる。何より子ども達と一緒にいる事が楽しい。一緒に喜んだり、笑ったり、怒ったり、悲しんだりできる仕事が他にはないと思い、本当に幸せに思う。

信頼関係
★信頼関係ができてきたと思われる瞬間に見せるまなざしや笑顔。
★悲しくて、泣いて飛んできて抱き止めながら、少しずつ落ち着いてきたとき。

保育の工夫
★子どもの成長や発達に合わせ、ああしてみようこうしてみようと考察している時。
★安心して眠りにつく瞬間も大事だと感じる。
★短時間でも一人にじっくり向き合っていると、遊びの中でその子なりに考えていることが分かり、大人が気が付かなかった発想であったりしておもしろい。子どもの「あ！」と指さす先に共感したり、できたことを一緒に喜んだりできる心のゆとりをもって保育していきたいと思う。
★子どもたちが主体的に環境に関わりたくなるような設定をしていきたいと思っています。子どもたちの姿を思い、仕掛けをしたときは、どんな反応をするのかワクワクします。予想通りではないときも発見であり、それも自分の学びとなっています。
★1対5人というのは、子どもにとっても保育士にとっても負担が大きいことが多い。保育園の予算が少ないことで子どもたちに使わせてあげたい教材が満足に使えないことを改善してほしい。
★子どもが何かを発見したり気づいたときに、振り返れば安心できる大人がいて、共有してくれる存在の保育士でありたい。子どもが主体的に遊べる環境を作っていくうえで、保育士の満足ではなく、本当に子どもが求めている保育ができたと感じられたとき。

保護者と共有・信頼関係
★生活面などでも小さな種からの成長の芽生えに気付いた時に嬉しくなります。その気持ちを保護者や職員と共有できた時の喜びはひとしおだと、日々の保育をしていて感じています。
★子ども・保護者共に良好な関係を築き、安心して楽しく生活でき、保護者にも安心して預けてもらえるよう、心掛けている。

職員の連携
★子どもの理解のために、子どものことを本音で話し合える職員同士の関係を築いていくこと、子どもを中心とした「語り合い」は、互いの見方や良さを知る、認め合ったりする関係につながっていく。本音で楽しく語り合い、職員同士のチームワークや専門性を強化することで 保育の質の向上につなげていける。そんな、仲間がいることにいつも感謝しています。

職員の意気込み
★保育者と保護者、子どもたちを取り巻く環境を常々考え、子どもにとってどうなのか、最大限のよい環境を与えられるよう努力していきたい。そのためには大人も元気で明るく健康でいられるようにしたい。
★豊かな保育を日々行うために人員を手厚く配置してもらいたいことが一番である。正規職員の欠員はとにかくそのままにせず、任期付き職員や正規を速やかに補充してもらい、子どもたちが笑顔で安心して通うことのできる環境を整えていけたらと切に願う。
★思ったことをそのまま表現してもいいこと（やりたいこと、やってほしいこと、面白く感じたこと、驚いたこと，嫌なことなど）を伝えていきたいと思っています。私たち保育士が一人ひとりの思いをしっかりと受け止めることで、子どもたちの非認知能力も育ち、自分も他人も大切にしていける存在になっていくのではないかと思っています。
★根っこの部分だけの関わりだが、一人の人間の一生のうちの大切な時間に自分がいるという重みもしっかりと受け止め、保育をしていきたい。
★自我が出てきて懸命に自分づくりを始めるようになるこの時期に、しっかりと子どもと向き合う体制、環境を保証できるしくみ・制度になってほしい。自我を出すようになってきた子どもたちに、ていねいに関われるような職員配置の制度になることが願いです。

自己肯定感のある子に
★名前は親からの初めての贈り物なので、優しく呼んだり、皮膚感覚で大事にされていると感じられるように、子どもには優しくふれるようにしたりして、子どもが自分は大切な存在でたくさんの人に愛されていると思ってほしい…と願いながら日々保育をしています。
★子どものありのままの姿を愛し、認めていくことで自己肯定感、これからの人生の土台づくりをしていきたい。

未来へ向かって
★これからも子どもがずっと笑顔でいられますように（虐待がなくなりますように）。
★子どもたちが大好きなお父さん、お母さんたちともっと一緒に過ごせる社会になってほしい。
★子ども達の5年後、10年後、または成人したときを見据え、乳幼児期の育ちの中で自尊感情をしっかりと育んでいきたい。子ども達が、自分なりの幸せを感じて、その子らしく生きていくことができるように、と願うばかりである。
★楽しいこと、嬉しいことばかりではなく悲しいことや苦しいこと、傷つくことがあっても乗り越えて生きていく力を身につけてほしい。生きていくことは素敵なことなんだと感じてほしい。

おわりに

　東京都公立保育園の英知を結集した『新1歳児の保育の実際』が刊行されました。
4年かけて、各区から選ばれた編集委員が日々の保育を振り返り、知識と経験を共有
し、多くの時間をかけて語り合いました。メンバーは、新人から保育経験30年を超
える超ベテランまで多様な年齢層で構成され、管理職も含まれていました。月1回の
編集委員会は、区、園、経験年数、立場を超えて、保育を対等に語り合う貴重な時間
となりました。その対話から生まれたのが本書です。

　出版までの道のりは、大きく3段階に分かれました。保育実践を共有し子どもと保
育の理解を深める1年、テーマに分かれて伝えたい内容を絞り込み構成を考えていく
1年、資料を集め執筆し、編集する2年です。3年目はコロナ禍となり、個人作業や
オンラインでのやり取りが多くなりましたが、最初の2年間の自由な実践交流が大き
かったと思います。

　こうして、本書には保育現場の子どもや保育者の現実と保育経験がふんだんに詰め
込まれることになりました。2章から5章は、テーマにそった具体的なエピソードをも
とに、保育の在り方が示されています。そこには、子どもの姿に戸惑い、試行錯誤の
中から子どもを理解し、その成長する姿から喜びを感じる保育者が描かれています。
日々の試行錯誤から学び、子どもとともに成長する保育者の姿です。

　本書はまさに、保育者による保育者（あるいは保護者）のための教科書であり、参考
書であるだけでなく、研究資料であり、また、魅力的な読み物となっています。1歳
児の保育のリアルをここまで示した本はあまり見当たらないように思います。また、
そこに描き切れなかった部分は、アンケートに示されています。どこから読んでも、
役に立ち、なるほどと納得し、そして、元気になれる一冊です。

この4年間、完成までのプロセスに付き合えたことは本当に幸せなことでした。編集委員の先生方の話に耳を傾け意見を交わしながら、保育の奥深さや面白さを知ることができました。また、編集責任者の先生方とは、定例の編集委員会だけでなく不定期に何度も集まり、一日作業をすることもありました。第1章の執筆と検討、全体構成の検討、制作進行の管理、アンケートの作成、原稿の確認作業など、次々と湧き出てくる作業を協力しながら処理していく中で、仲間のような信頼関係ができ上がっていきました。大変なときもありましたが貴重で楽しい時間でもあったと感じています。編集責任者の先生方の努力には頭が下がる思いです。

　そして、最後になりましたが、ひとなる書房の名古屋さんには、編集メンバーの思いを文章にし、本としてまとめていくプロセス全体をサポートしていただき、編集チームの頼れるリーダーとしての役割を果たしていただきました。また、事務局の岡野さん、藤波さんのお二人には、編集メンバーがやりきれない数々の作業を担当していただき、影の編集メンバーとして心強い存在でした。この4年間、編集チームのみなさんに関われたことに心から感謝申し上げます。

2022年2月1日
芦澤清音

東京都公立保育園研究会

終戦直後の混乱期、保育方法や物不足の中で、
保育の研究・保育用材収集の必要性を痛感して
1946 年（昭和 21 年）6 月に
「東京都保育研究会」として発足したのが始まりです。

それから 70 余年に亘り保育に関する研究や研修等を通じて
保育の質向上を図り、
保育事業並びに子育て支援に寄与してきました。

2002 年には特定非営利活動法人東京都公立保育園研究会
として法人化。現在は会員 9 千名余。
これからも子どもたちの育ちを守るため、
子どもの心に寄り添い、常に学ぶ気持ちを持って活動を進めていきます。

詳しくは当会ホームページへ
https://www.hoiku1946.org/

『新1歳児保育の実際』編集委員会（＊印は編集責任者）

白井 稔＊	（杉並区	1章）	露木 由里子＊	（江戸川区	1章）
本橋 有紀子＊	（江戸川区	1章）	諸井 惠＊	（世田谷区	1章）
金井 悦子＊	（新宿区	1章）	長谷川 望	（千代田区	2章）
小原 和美	（大田区	2章）	渡辺 聡子	（杉並区	2章）
正木 真奈美	（板橋区	2章）	駒井 美知代	（江東区	2章）
李 慈美	（葛飾区	2章）	山本 尚子	（豊島区	2章）
丸山 和実	（中央区	3章）	藤代 美貴子	（港区	3章）
川下 咲季	（北区	3章）	齋藤 淳子	（渋谷区	3章）
宮本 典子	（渋谷区	3章）	金澤 恭子	（豊島区	3章）
望月 菜津美	（板橋区	3章）	寺嶋 美和	（足立区	3章）
中村 佐和子	（新宿区	4章）	一ノ谷 純乃	（文京区	4章）
秋谷 恭子	（荒川区	4章）	嶋田 悦子	（世田谷区	4章）
旗手 奈穂子	（中野区	4章）	磯崎 るい	（北区	5章）
加地 和子	（目黒区	5章）	小川 麻里子	（杉並区	5章）
永井 亜弥	（練馬区	5章）	野仲 惠	（墨田区	5章）
小薗 佳代子	（大田区	5章）			

編集協力
芦澤 清音（帝京大学教育学部教授）

編集進行管理
研究会事務局：岡野 歩未・藤波 貴子

装幀 山田 道弘
装画 おのでら えいこ

新1歳児保育の実際

2022年7月22日 初版発行

発行責任者 豊田千恵子
編集責任者 白井 稔
発行所 特定非営利活動法人 東京都公立保育園研究会
東京都新宿区北新宿4－8－12－401
TEL 03-3371-8057
Email:hoiku@token-2.or.jp

発売元 株式会社ひとなる書房
東京都文京区本郷2－17－13
Email:hitonaru@alles.or.jp

© 2022 印刷／中央精版印刷株式会社 ＊落丁、乱丁本はお取り替え致します。